GRAMMAIRE
DU WOLOF CONTEMPORAIN

5-7, rue de l'Ecole polytechnique, 75005 Paris

http://www.librairieharmattan.com
diffusion.harmattan@wanadoo.fr
harmattan1@wanadoo.fr

ISBN : 978-2-296-07973-1
EAN : 9782296079731

Jean Léopold DIOUF

Maître de conférence à l'Inalco, Paris

GRAMMAIRE DU WOLOF CONTEMPORAIN

Édition revue et complétée

L'Harmattan

INTRODUCTION

À propos de l'ouvrage

Parler et comprendre une langue est une chose. Savoir l'analyser en est une autre. Bien souvent le locuteur d'une langue est incapable d'expliquer la structure des énoncés de sa propre langue. Un livre de grammaire de cette langue peut alors lui être utile pour éclairer la connaissance de sa langue. Ce même livre de grammaire peut aussi tout simplement servir à toute autre personne désirant apprendre cette langue. C'est pour toutes ces raisons que nous avons voulu écrire cette *grammaire du wolof contemporain.* Des livres de grammaire wolof ont déjà été publiés par des missionnaires et d'autres linguistes. Mais il s'agit, pour la plupart, de travaux scientifiques trop savants pour le non initié.

Notre souci principal a été, tout au long de notre rédaction, de produire un livre de grammaire qui fasse une analyse moderne du wolof simple, juste et claire. Çà et là, nous avons pu adopter une approche plutôt soutenue qui pourrait ralentir le lecteur profane, mais pour pallier la situation, nous donnons, le cas échéant, suffisamment d'exemples. Ceux-ci sont soit tirés de productions spontanées de locuteurs natifs, soit construits par nous-même en tant que natif. D'une manière générale, l'énoncé en Wolof que nous donnons pour servir d'illustration est suivi d'une présentation analytique dans laquelle nous montrons les différents éléments agglutinés dans l'énoncé. Cette présentation analytique est elle-même suivie d'une traduction en français.

Les termes que nous employons dans *grammaire du wolof contemporain* sont ceux que chacun de nous a appris à l'école française. Cependant, on y trouvera également quelques-uns qui seront moins familiers, mais pour lesquels nous donnons un commentaire dans le glossaire à la page 9. Nous donnons par ailleurs à la page 11 une liste des abréviations qu'on rencontre dans cet ouvrage.

Remerciements

Mes remerciements vont à tous ceux qui ont eu la générosité de me faire part de leurs remarques après avoir lu la première édition de cette grammaire, en particulier mes collègues et amis :

- Stéphane Robert (CNRS-LLACAN, Villejuif)
- Konstantin Pozdniakov (P.U. Inalco)
- Pr. Kaji Shigeki de l'I.L.C.A.A. (Tokyo)

GLOSSAIRE DE TERMINOLOGIE LINGUISTIQUE

adsitif	qui donne au verbe le sens de : venir
article démonstratif	terme de détermination de substantif qui sert à montrer
article génitival	terme de détermination indiquant une relation de possession
article interrogatif	terme de détermination de substantif indiquant une interrogation
article relatif	dét. de substantif introduisant un verbe ou une proposition
article simple	principal terme de détermination de substantif
article	terme de détermination de substantif
circonstant	qui introduit une circonstance du verbe
classificateur	consonne qui indique la classe à laquelle le nom appartient
contrastif	qui met en contraste des actants ou des procès en situation
déverbatif	qui permet d'obtenir un verbe à partir d'un verbe
exitif	qui donne au verbe le sens de : aller
factice	qui donne le sens de simulation
kinésique	qui donne une connotation de mouvement
lexis	le contenu d'une pensée
morphème	unité minimale douée de sens (on dit aussi monème)
nominalisateur	qui permet d'obtenir un nom à partir d'un verbe
nominaux	qui se rapportent au substantif
phonème	unité minimale de son ayant une valeur distinctive
projectif	qui permet d'envisager un procès à venir comme acquis
rémanence	qui désigne le reste de, la trace de
substitut	qui remplace
syntagme	groupe de termes entretenant un rapport entre eux dans un énoncé
verbe auxiliaire	qui aide à conjuguer un autre verbe
verbe d'état	tel qu'on l'entend en grammaire française
verbe de qualité	correspond à l'adjectif en français

LISTE DES ABREVIATIONS ET SYMBOLES

abl.	ablatif
adv.	adverbe
adv.d'int.	adverbe d'intensité
adv.spéc.	adverbe spécifique
alv.	alvéolaire
antér.	antériorité
art.	article
art.dém.	article démonstratif
art.gén.	article génitival
articul.	articulation
art.quant.	article quantitatif
aux.	auxiliaire
bén.	bénéfactif
cf.	confère
clas.	classificateur
c.o.d.	complément d'objet direct
c.o.i.	complément d'objet indirect
conj.	conjonction
connect.	connectif
contr.	contrastif
dér.	dérivé
dir.	directionnel
épenth.	épenthétique ; épenthèse
exclam.	exclamatif ; exclamation
expl.	explicatif
gém.	géminée
hab.	habitude
imp.	impératif
inac.	inaccompli
indir.	indirect
interj.	interjection
loc.	locution
loc.adv.	locution adverbiale
loc.conj.	locution conjonctive
loc.v.	locution verbale

m.in.	marqueur d'intention
m.inacc.	marque de l'aspect inaccompli
m.mod.	marque de modalisation
mod.	modalisateur
m.r.c.	mise en relief du complément
m.r.s.	mise en relief du sujet
m.r.v.	mise en relief du verbe
num.	numéral
part.dér.adv.	particule de dérivation adverbiale
part.nom.	particule nominale
part.nom.ag.	particule nominale agentive
pass.	passé
pn.ind.	pronom indéfini
pn.ind.plur.	pronom indéfini pluriel
pn.ind.sg.	pronom indéfini singulier
pn.intg.	pronom interrogatif
pn.poss.	pronom possessif
prép.	préposition
prt.	présent
p.pl.	personne pluriel
p.sg.	personne singulier
rel.	relateur
s.	sujet
syntg.pn.	syntagme pronominal
trans.	transitivant
v.	verbe
v.aux.	verbe auxiliaire
v.c.	verbe de comparaison
v.i.	verbe intransitif
v.t.	verbe transitif
vect.	vectoriel

LE SYSTEME PHONOLOGIQUE

Les unités de sons distinctifs (ou phonèmes)

Le wolof compte 54 unités de sons distinctifs (ou phonèmes) qui permettent d'établir des différences de sens au niveau du vocabulaire. Parmi ces unités de sons distinctifs, il y a 15 voyelles et 39 consonnes.

Les voyelles sont :
a, aa, e, ee, é, ée, ë, i, ii, ó, óo, o, oo, u, uu

Les consonnes sont :
b, bb, c, d, f, g, gg, j, jj, k, l, ll, m, mm, mb, mp, n, nc, nd, ng, nj, nk, nn, nq, nt, ñ, ññ, ŋ, ŋŋ, p, q, r, s, t, tt, w, x, y

Les traits distinctifs des phonèmes

Les voyelles

Les voyelles se distinguent essentiellement entre elles par :

- le fait qu'elles se réalisent à l'avant, au centre ou à l'arrière du chenal buccal lors de leur production,
- leur durée brève ou longue,
- l'ouverture plus ou moins grande du chenal buccal (ou aperture). Par rapport à ce critère, une voyelle est fermée ou mi-fermée, ouverte ou mi-ouverte.

voyelles d'avant fermées :

brève :	**i**	*tis* éclabousser
longue :	**ii**	*tiis* être pénible moralement

voyelles d'avant mi-fermées :

brève :	**é**	*wér* être sain
longue :	**ée**	*wéer* appuyer qqch. contre qqch.

voyelles d'avant mi-ouvertes :

brève :	**e**	*ren* cette année en cours

longue : **ee** *reen* racine

voyelle centrale mi-fermée :

brève : **ë** *kër* maison

voyelles centrales ouvertes :

brève : **a** *sa* ton, ta
longue : **aa** *saa* instant

voyelles d'arrière fermées :

brève : **u** *rus* éprouver de la gêne, être confus
longue : **uu** *ruus* s'effriter, s'émietter, se défeuiller, etc.

voyelles d'arrière mi-fermées :

brève : **ó** *tóx* fumer
longue : **óo** *tóox* être saturé

voyelles d'arrière mi-ouvertes :

brève : **o** *wor* trahir
longue : **oo** *woor* jeûner

Table 1 : Tableau des voyelles

lieu d'articulation		avant (palatal)		central		arrière (vélaire)	
durée		brève	longue	brève	longue	brève	longue
aperture	fermée	**i**	**ii**			**u**	**uu**
	mi-fermée	**é**	**ée**	**ë**		**ó**	**óo**
	mi-ouverte	**e**	**ee**			**o**	**oo**
	ouverte			**a**	**aa**		

Les consonnes

Elles se classent en consonnes sourdes ou sonores puis en consonnes occlusives, constrictives ou nasales, se répartissant, elles-mêmes, en consonnes simples, géminées ou complexes.

Sourdes versus sonores

Les consonnes sourdes sont celles qu'on produit par la vibration de l'air contenu dans le chenal buccal. Ce sont :

c, f, k, p, r, s, t, tt, w, x, y.

Les consonnes sonores sont celles qu'on produit avec l'air qui, issu des poumons, produit des vibrations des cordes vocales à son passage dans la glotte. Ce sont :

b, bb, d, g, gg, j, jj, l, ll, m, mm, mb, mp, n, nc, nd, ng, nj, nk, nn, nq, nt, ñ, ññ, ŋ, ŋŋ, q.

Occlusives

Les consonnes occlusives sont celles qui se produisent avec une fermeture momentanée du passage de l'air à un point donné. Ce sont :

b, c, d, g, j, k, p, t, et **bb, gg, jj, q, tt.**

Constrictives

Les consonnes constrictives (ou fricatives) sont celles qui se produisent avec un resserrement du passage de l'air à un point donné du chenal buccal. Ce sont :

f, l, r, s, w, x, y et, **ll.**

Nasales

Les consonnes nasales se caractérisent par le passage d'une partie de l'air de phonation par les fosses nasales. On peut les diviser en nasales simples, géminées et nasales complexes encore appelées consonnes prénasales.

Les nasales simples sont :

m, n, ñ, ŋ.

Les nasales géminées sont :

mm, nn, ññ, ŋŋ.

Les nasales complexes ou consonnes prénasales sont :

mb, mp, nc, nd, ng, nj, nk, nq, nt.

Simples, géminées, ou prénasales

Les consonnes simples (ou brèves) sont :

b, c, d, f, g, j, k, l, m, n, ñ, ŋ, p, r, s, t, w, x, y.

Les consonnes géminées (ou longues) sont produites avec une forte tension des organes articulatoires qui fait que leur durée de réalisation est relativement plus longue que celle des consonnes simples. Ce sont :

bb, gg, jj, ll, mm, nn, ññ, ŋŋ, q, tt.

Les consonnes prénasales sont constituées d'une partie nasale suivie d'une partie orale. Cette texture n'en fait pas plus qu'une unité de son (ou unité phonèmatique). Ce sont :

mb, mp, nc, nd, ng, nj, nk, nq, nt.

Table 2 : Tableau des phonèmes consonantiques

SONORITE →			-	+	-	+	-	+	-	+	-	+				gém.
o			**p**				**t**		**c**		**k**					-
c			**pp**				**tt**		**cc**		**kk**		**q**			+
c				**b**				**d**		**j**		**g**				-
				bb				**dd**		**jj**		**gg**				+
c	latérales							**l**								-
o								**ll**								+
n	non latérales			**w**	**f**		**s**			**y**	**x**					-
s		roulée						**r**								-
n	simples			**m**				**n**		**ñ**		**ŋ**				-
a				**mm**				**nn**		**ññ**		**ŋŋ**				+
s	complexes			**mp**				**nt**		**nc**		**nk**				-
				mb				**nd**		**nj**		**ng**	**nq**			-
lieu d'articul. →			labiales				dentales		palat.		vélaires		uvulaire			
organe →			bi-labiales		lab.dent.		apico alv.		dorsales		arrière de la langue					

L'ALPHABET

Le Wolof est une langue à tradition orale. Les contacts avec l'Islam dès le 10ème siècle, et avec des explorateurs et missionnaires venus d'Europe vers le milieu du 15ème siècle ont introduit la pratique de l'écriture du Wolof. Aussi ne s'est-on jamais servi que de l'alphabet latin ou de caractères arabes. Sur le tard, le passé colonial du Sénégal imposera les caractères latins qui à ce jour constituent le médium officiel d'écriture de la langue wolof.

Si on a appelé *wolofal*, le fait de transcrire le Wolof avec des caractères arabes, ce qui révèle ipso facto le statut de médium emprunté de ces caractères, il n'y a eu rien de semblable avec les caractères latins. Tout se passe aujourd'hui comme s'il ne s'agissait pas d'adoption, et d'adaptation à la langue et la culture wolof.

En raison des spécificités phonologiques de la langue wolof, les lettres **h**, **v** et **z** n'ont pas été utilisées. En revanche, on a introduit les lettres **ñ** = gn français, et **ŋ** = [ŋ] pour le son vélaire qu'on entend en position finale dans les mots anglais comme sing.

Ainsi l'alphabet wolof compte 25 lettres :

a b c d e f g i j k l m n ñ ŋ o p q r s t u w x y

LA TRANSCRIPTION

Pour l'écriture du wolof, on a adopté pour l'essentiel l'alphabet français (latin) avec les mêmes valeurs phonétiques. Les phonèmes wolof qui n'existent pas en français sont transcrits avec des lettres du même alphabet en attribuant à celles-ci une valeur phonétique différente de celle qu'elles avaient initialement. L'écriture du wolof est phonétique[1].

Table 3

Écriture usuelle des phonè-mes	Trans-cription phoné-tique	Prononcia-tion	exemple	sens	Penser à
a	[a]	a simple	ay	des	
aa ~ à	[a:]	a long	aay	talentueux	table
b	[b]	b simple	nëb	pourri	
bb	[b:]	b tendu	nëbb	cacher	Flamb^{e}bien
c	[tɔ]	tch	cat	bout	tchèque
cc*[2]	[tɔ:]	tch tendu	fecc	danser	
d	[d]	d simple	dof	fou	
dd*	[d:]	d tendu	sedd	froid	
e	[ɛ]	ai court	set	propre	
ee	[ɛ:]	ai long	seet	regarder	
é	[e]	é fermé simple	wér	être sain	pied
ée	[e:]	é fermé long	wéer	appuyer contre	damier
ë	[ø]	eu	bët	œil	œufs
f	[f]	f simple	fan	où	
g	[g]	g simple	dag	valet	gorille
gg	[g:]	g tendu	dagg	couper	
i	[i]	i court	nit	humain	

[1] Dans cet ouvrage, nous nous conformons au décret de transcription des langues nationales.

[2] Les consonnes marquées d'une étoile sont des allophones de leurs correspondantes simples.

ii	[i:]	ii long	niit	éclairer	
j	[dɔ]	dj	dëj	funérailles	
jj	[dɔ:]	dj tendu	dëjj	vulve (injurieux)	
k	[k]	k simple	kan	qui (question)	
kk*	[k:]	k tendu	bakkan	nez	
l	[l]	l simple	gal	or blanc	
ll	[l:]	ll tendu	gall	régurgiter	
m	[m]	m simple	gëm	croire	
mm	[m:]	m tendu	gëmm	fermer les yeux	
mb	[mb̃]	mb nasalisé	lumb	fœtus, caillot	
mp	[mp̃]	mp nasalisé	lump	une bouchée	
n	[n]	n simple	fen	mentir	
nc	[ntɔ̃]	tch nasalisé	denc	garder	
nd	[nd̃]	nd nasalisé	bind	écrire	
ng	[ng̃]	ng nasalisé	song	attaquer	
nj	[ndɔ̃]	ndj nasalisé	donj	motte	
nk	[nk̃]	nk nasalisé	bank	plier	
nn	[n:]	n tendu	fenn	qlq., nulle part	donne-nous
nq	[nq̃]	nq nasalisé	manq	aspirer	
nt	[nt̃]	nt nasalisé	sant	remercier	
ñ	[ɲ]	gn simple	woñ	essorer	campagne
ññ	[ɲ:]	gn tendu	woññ	compter	
ŋ	[ŋ]	ng où g s'amuit	goŋ	cynocéphale	
ŋŋ	[ŋ:]	ng tendu	goŋŋ	sorte de lit	
o	[ɔ]	o court	tol	sorte de fruit	
oo	[ɔ:]	o long	tool	champ	
ó	[o]	au court	tóx	fumer	
óo	[o:]	au long	tóox	être saturé	
p	[p]	p simple	pëdd	jaune d'œuf	
pp*	[p:]	p tendu	dëpp	renverser	
q	[q]	kh tendu	taq	être souillé	

r	[r]	r simple	ree	rire	
s	[s]	s simple	saw	uriner	
t	[t]	t simple	bët	œil	
tt	[t:]	t tendu	bëtt	trouer, percer	
u	[u]	ou court	xur	vallée asséchée	
uu	[u:]	ou long	xuur	être rouillé	
w	[w]	simple	jaw	un nom de famille	
ww*	[w:]	tendu	jaww	firmament	
x	[x]	kh simple	tax	être la cause	
y	[j]	(i)ll simple	boy	prendre feu	
yy*	[j:]	(i)ll tendu	boyy	être resplendis-sant	

La morphologie

Les mots wolof ont la structure suivante :
consonne + voyelle + (consonne) + (consonne) + (voyelle)[3].

Aucun mot wolof ne contient une séquence de voyelles.

La consonne initiale d'un mot peut être chacun des phonèmes consonantiques à l'exception de consonne géminée. Compte tenu du fait que sauf avec **a**, il n'y a pas de paire minimale dans laquelle l'opposition voyelle brève et voyelle longue aurait une valeur linguistique devant une consonne géminée ou prénasale, les voyelles longues dans ce contexte sont transcrites brèves.

Exemple :

benn [bɛ:n:ə] au lieu de *beenn* = un
génn [ge:n:ə] au lieu de *géenn* = sortir
donn [dɔ:n:ə] au lieu de *doonn* = hériter
kócc [ko:c:ə] au lieu de *kóocc* = mérou commun

mais

xall [xal:ə] beige
xàll [xa:l:ə] frayer.

[3] Les parenthèses indiquent des éléments possibles.

LA DERIVATION

La dérivation nominale

La dérivation nominale peut se faire par suffixation, par préfixation, par alternance consonantique ou par combinaison de ces formes. Elle peut aussi consister en une composition ou une réduplication.

La suffixation

Elle peut être simple :

Exemple :

seet	regarder
seetu (*seet* + *-u* suffixe vectoriel)	miroir

ou nécessiter l'insertion d'une consonne épenthétique :

Exemple :

ji	semer
jiwu (*ji* + *-u* suffixe vectoriel)	semence

La préfixation

La dérivation par préfixation consiste à attacher un préfixe à un radical pour former un autre terme.

Exemple :

war	monter à cheval
ngawar	cavalier
baat	cou
jarbaat	neveu
naaw	s'envoler
njanaaw	la gente ailée
baax	coutume
xarbaax	pratiques traditionnelles
Penda	nom de femme
Mapenda	nom d'homme

L'alternance consonantique

Exemple :	*araw*	rouler la farine
	karaw g-	granulés de farine de mil
	àddu	répondre de la voix
	kàddu g-	parole
	baax	bon
	mbaax g-	bonté
	fóot	lessiver
	póot m-	lessive
	wuude	cordonnier
	kuude	cordonnerie
	géwél	griot
	ngéwél	statut de griot
	buur	roi
	nguur	pouvoir
	bët	œil
	gët	yeux
	mbagg	épaule
	wagg	épaules
	loxo	main, bras
	yoxo	mains, bras
	baaraam	doigt
	waaraam	doigts
	bëñ	dent
	gëñ	dents
	buy	pin de singe
	wuy	pins de singe
	guy	baobab

Il y a une prédictibilité d'alternance régulière pour les consonnes : *f, s, d, g, j.*

- *f* devient *p* :

Exemple :

fo, po m-	jouer, jeux
fóon, póon m-	prendre du tabac, tabac
fas, pas-pas b-	nouer, nœud
fecc, pecc m-	danser, danse
fal, pal g-	élire, élection

- *s* devient *c* :

Exemple :

sàcc, càcc g-	voler, vol
solu, col g-	s'habiller, habillement
sar, car b-	dépasser, branche
soxor, coxorte g-	méchant, méchanceté
soppi, coppite g-	changer, changement
sos, cosaan	créer, genèse

- *d* devient *nd* :

Exemple :

donn, ndono l-	hériter, héritage
dof, ndof g-	fou, folie
dëkk, ndëkk s-	ville, village
damp, ndampaay l-	masser, massage
dimmali, ndimmal l-	aider, aide

- *g* devient *ng* :

gone, ngone g-	enfant, enfance
gëm, ngëm g-	croire, croyance
gan, ngan l-	hôte, séjour
gis, ngistal l-	voir, exhibition
góor, ngóora l-	homme, bravoure

- *j* devient *nj* :

jiitu, njiit l-	précéder, chef
jaay, njaay m-	vendre, vente
jur, njureel g-	engendrer, maternité
jong, njong l-	se circoncire, circoncision
jekk, njekk l-	convenable, faveur

La combinaison

Exemple :

bëgg, mbëggeel g-	aimer, amour
yéem, kéemtaan g-	émerveiller, merveille
ilif, kilifteef g-	commander à, autorité

La composition

Exemple :

mbañ-gàcce	rideau
mbaaru-mbott	champignon
mëq-dóom	fusil à poudre
waajur	parent
tóokër	jardin potager
ayubés	semaine

La réduplication

Exemple :

bëgg-bëgg	désir
xam-xam	connaissance
sañ-sañ	courage ; habilité
jafe-jafe	difficulté
dagg-dagg	coupure
bën-bën	trou

La dérivation verbale

La dérivation verbale est l'opération par laquelle on construit un verbe en ajoutant un suffixe à une racine lexicale. Mais la dérivation verbale peut s'effectuer aussi par d'autres moyens tels que la composition, la réduplication, l'alternance consonantique ou l'alternance vocalique. Il y a aussi une dérivation dite impropre ou hypostase[4]. C'est le cas de beaucoup de termes pour lesquels la forme nominale et la forme verbale sont identiques.

La suffixation

La dérivation verbale par adjonction d'affixe est le procédé de dérivation le plus productif. L'ajout d'un suffixe peut entraîner des transformations morphologiques au niveau de la racine verbale.

Exemple :

xef	+ *(-i)*	=	*xippi*
ciller			ouvrir les yeux
jàng	+ *(-ale)*	=	*jàngale*
apprendre			enseigner
jénd	+ *(-aale)*	=	*jéndaale*
acheter			acheter par la même occasion
gëm	+ *(-entu)*	=	*gëmmentu*
fermer les yeux			avoir sommeil

La composition

La dérivation par composition consiste à réunir des mots qui d'ordinaire ont leur signification propre pour former une nouvelle unité lexicale.

Exemple :

sajj xef	accueillir froidement
naan kaani	être acariâtre
waññ sànni	compter à rebours
yenu dàll	être timbré
sëppu jaleñ	faire une culbute
am lex	être jouflu

---

[4] Dérivation où la forme du mot reste inchangée d'une catégorie à l'autre.

La réduplication

La dérivation par réduplication est le procédé qui permet de former une nouvelle unité lexicale en répétant un terme. La dérivation verbale par réduplication s'accompagne d'une adjonction de suffixe.

Exemple :

dem demlu	faire semblant de s'en aller
réy réylu	faire l'orgueilleux
tey teylu	faire sciemment mais en voulant faire croire qu'on n'a pas fait exprès

L'alternance consonantique

La dérivation verbale peut consister en une alternance consonantique.

Exemple :

càcc	*sàcc*
vol	voler
mbër	*bëre*
lutteur	lutter
po	*fo*
jeu	jouer
ndof	*dof*
folie	être fou
ngëm	*gëm*
foi	croire
njaay	*jaay*
vente	vendre
kàddu	*àddu*
parole	répondre
teer	***teddi***
s'arrêter	démarrer
nuur	***nutti***
plonger	émerger
saf	*salli*
savoureux	perdre sa saveur
roof	***roppi***
fourrer	retirer ce qui est fourré

L'alternance vocalique

La dérivation verbale peut, entraîner une alternance vocalique.

Exemple :

xel	*xalaat*
esprit	penser
takk	*tekki*
attacher	détacher
gëmm	*gimmi*
fermer les yeux	ouvrir les yeux
suul	*sulli*
enterrer	déterrer

La dérivation impropre ou hypostase

Exemple :

lekk g-	*lekk*
aliment	manger
dox b-	*dox*
marche	marcher
waxtaan w-	*waxtaan*
conversation	causer, bavarder
dëkk b-	*dëkk*
ville, village	habiter
togg b-	*togg*
la cuisson	faire cuire, préparer le repas

ÉLISION, CONTRACTION, COALESCENCE ET EPENTHESE

Élision : apocope, aphérèse et syncope

En finale de mot, l'élision concerne surtout les voyelles et plus rarement les consonnes. Ce phénomène appelé apocope ne touche jamais une voyelle précédée d'une consonne géminée. Une apocope peut porter sur la syllabe finale du mot.

Exemple :

Nañu añ > nañ añ.
Déjeunons.
Dinga ko xam > diŋ ko xam.
Tu le sauras.

Lorsqu'une apocope résulte en une consonne seule, celle-ci se soude au mot précédent :

Exemple :

Lu mu doon > lum doon ?
Qu'est-ce que c'est ?
Bu ñu dugg > buñ dugg.
Qu'ils n'entrent pas.
Aywa ñu dem > aywañ dem !
Partons !

À l'exception de *nekk*, les verbes à consonne finale géminée ne sont pas sujets à une élision.

L'élision peut concerner la syllabe initiale d'un mot. Ce phénomène est appelé aphérèse.

Exemple :

siddéem > déem
jujube
itam > tam
aussi
gasax > sax
ver de terre

L'élision peut aussi concerner un phonème interne d'un mot. Ce phénomène est appelé syncope.

Exemple :

lu tere > lu tee
pourquoi pas
abal > aal
prêter

Il est important de noter que dans ces exemples, la syncope ne génère pas une séquence de voyelles mais une voyelle longue.

La syncope peut par ailleurs générer une fusion de voyelles dite coalescence (voir page suivante les règles de coalescence).

Exemple :

xale bile > xale bii
cet enfant-ci
xale bale > xale bee
cet enfant là

Contraction

La contraction de mots est un phénomène d'agglutination par lequel deux termes distincts sont amalgamés.

Elle peut entraîner une fusion (ou coalescence) de voyelles.

Exemple :

cere ak soow > cereek soow
couscous et lait caillé
batig yi ak cuub yi > batig yeek cuub yi
les batics et les tissus teints

Elle peut aussi entraîner l'élision de consonnes et/ou de voyelles :

Exemple :

Man ak moom > maak moom
moi et lui
moom ak yow > mook yow
lui et toi
yaw ak Omar > yaak Omar
toi et Omar

Coalescence

La coalescence ou fusion de voyelles se fait conformément aux règles ci-dessous :

i + a = ee

Exemple :

Maree ngi < Mari a ngi.

Voici Marie.

e + a = ee

Exemple :

Gayndee sab < gaynde a sab.

C'est un lion qui a rugi.

u + a = oo

Exemple :

Astoo dugg < Astu a dugg.

C'est Astou qui est entrée.

u + e = oo

Exemple :

Sangoo saabu < sangu-e saabu.

Se laver avec du savon.

oo + a = oo

Exemple :

Déggoo gën < déggoo a gën.

C'est mieux de s'entendre.

o + a = oo

Exemple :

loxoom < loxo-am

sa main

a + a = aa

Exemple :

Paakaa ci baax < paaka a ci baax.

Un couteau ferait mieux l'affaire.

Épenthèse

L'épenthèse consiste à ajouter à un mot une consonne non étymologique pour éviter la rencontre de deux voyelles, ou pour éviter une ambiguïté lexicale. Les consonnes qui apparaissent comme consonnes épenthétiques sont : **j, k, kk, l, t, w, y**.

Exemple :

j		
	sangu + i > sanguji	aller se baigner
	bëre + i > bëreji	aller lutter
	nuyoo + i > nuyooji	aller saluer
k		
	teppi + u > teppiku	décousu
	xolli + u > xolliku	détaché
	sotti + u > sottiku	déversé
kk		
	dee + ali > dekkali	ressuscité
	yaa + i > yàkki	élargir
l		
	seet + u > seetlu	observer
	ree + u > reelu	qui incite à rire
t		
	toj + al > tojtal	éclore
	gees + u > geestu	tourner la tête
	dégg + al > dégtal	faire entendre
w		
	féete + oo > féetewoo	se situer
	fo + antoo > fowantoo	se jouer de
	fo + i > fowi	aller jouer
y		
	fo + i > foyi	aller jouer
	fo + e > foye	jouer avec qch.

Le plus souvent on met :

j	entre une finale **u, e, a, i, oo, óo** et **i** exitif
y ou **w**	entre une finale **o, ee** et **i** exitif
kk	entre une finale vocalique longue et ***i*** exitif

k	entre une finale **i** et **u** kinésique
l	entre une finale **t, ee** et **u** kinésique
t	entre une finale **s, gg** et **u** kinésique
t	entre une finale **j** et **al** transitivant
w	entre une finale **u, o** et -**antoo, -aale, -antu**

Le découpage syllabique

Le découpage syllabique des mots est fondé sur une réalité phonétique et non phonématique.

Une syllabe finale peut avoir la structure C + V + C.

Exemple :

sagar	chiffon
xorom	sel
jabar	épouse

Dans un mot à plusieurs syllabes où il y a une géminée, la partie implosée de la géminée constitue une frontière syllabique.

Exemple :

jëkkër	*jëk/kër*	époux
gëmmentu	*gëm/mentu*	avoir sommeil
àddu	*àd/du*	répondre

Dans un mot à plusieurs syllabes où il y a une prénasale, la partie nasale de ce phonème constitue une frontière syllabique.

Exemple :

tàngal	*tàn/gal*	bonbon ; chauffer
njampe	*njam/pe*	Luffa aegyptiaca
gàncax	*gàn/cax*	verdure

REMARQUE : La réalisation phonétique de la lettre **n** est :

[n] devant les lettres t, d, n

sant prénom
ànd aller ensemble
génne fair sortir

[ɲ] (= ñ) devant les lettres c, j

gàncax	[ga: ɲ][cax]	verdure
xànjar	[xa: ɲ][jar]	cuivre

[ŋ] devant les lettres g, k, q.

sangu	[saŋ][gu]	se baigner
tànku	[ta:ŋ][ku]	aller à pied
sanqaleñ	[saŋ][xaleɲ]	petite fourmi

Le trait d'union

On emploie le trait d'union pour couper un mot en fin de ligne ou pour indiquer que des éléments distincts constituent ensemble une seule unité lexicale. Cependant dans ce dernier cas, il n'y a pas de règles établies. À l'état actuel du développement de l'écriture du wolof, un mot composé peut être écrit avec ou sans trait d'union. Le temps fixera la norme.

APERÇU SUR LES ELEMENTS SUPRASEGMENTAUX

L'interprétation correcte de l'énoncé oral wolof est fonction non seulement de la compréhension de l'interaction de ses constituants mais aussi de la perception d'éléments qui ne sont pas dans la chaine parlée. La mélodie ou intonation est de ceux-ci tout comme la gestuelle.

Lorsque le locuteur parle, il baisse ou fait monter la voix selon un schème mélodique propre au génie de la langue et selon la fonction du message qu'il produit ou même selon la situation de communication.

Nous parlerons d'accent au niveau du mot et de mélodie montante ou descendante dans la production de la phrase.

Pour se faire une idée de l'accent, il faut imaginer un locuteur wolof disant un mot de deux syllabes comme le prénom ***Ami***, il met plus d'effort sur la syllabe ***A*** que sur la syllabe ***mi***. Autrement dit, il prononce ***A*** sur un cran et descend au cran inférieur pour la production de ***mi***. Ce qu'on peut représenter comme suit :

Ami ! > A_{mi} !

Remarquons que pour le même prénom un locuteur français dirait :

Ami ! > $_{A}$mi !

C'est-à-dire qu'il ferait le contraire de ce que fait le locuteur wolof : il prononce ***A*** sur un cran et monte au cran supérieur pour la production de ***mi***.

Au niveau de la phrase elle-même, la mélodie est moins simple à décrire[5]. Cependant on peut distinguer deux choses : d'une part la phrase interrogative d'autre part les autres types de phrases.

[5] RIALLAND et ROBERT ; The intonational system of Wolof. à paraître dans Linguistics.

Mélodie de la phrase interrogative

Une phrase interrogative contenant un mot interrogatif n'a pas la même mélodie qu'une phrase interrogative n'en ayant pas.

Lorsque la phrase interrogative ne contient pas de mot interrogatif, elle a une mélodie en syncope ; c'est-à-dire qu'elle commence haut et tombe abruptement sur la dernière syllabe.

Exemple :

Dinga dem marse ? > *dinga dem mar* *se ?*

Quand la phrase interrogative contient un mot interrogatif, elle a une mélodie haute jusqu'à l'antépénultième (qui précède l'avant-dernière syllabe) qui tombe à la pénultième (l'avant-dernière syllabe) pour redevenir haute sur la dernière syllabe.

Exemple :

Ndax dinga dem marse ? > *ndax dinga dem* *mar* *se ?*

Est-ce que tu iras au marché ?

Mélodie de la phrase déclarative

La mélodie de la phrase déclarative est basse et uniforme. On peut cependant avoir un accent d'emphase sur une syllabe en particulier.

LA MORPHOPHONOLOGIE

Si tous les phonèmes, aussi bien vocaliques que consonantiques, peuvent apparaître en position médiane dans la structure des mots, tous n'apparaissent pas en position initiale ou en position finale.

Les phonèmes vocaliques (ou voyelles) à l'initiale

a, aa, ë, i, ii, o peuvent apparaître à l'initiale.

aa se réécrit **à** devant une consonne géminée ou devant une consonne prénasale.

Exemple :

aal [a:l]	prêter (variante de *abal*)
àll [a:llə]	brousse
and [andə]	vase de terre pour brûler l'encens
ànd [a:ndə]	aller ensemble

e, ee, é, ée, oo, óo, u, uu peuvent aussi apparaître à l'initiale mais le plus souvent on les fait précéder des consonnes **y** ou **w**. Plus rarement par **b** et **k**.

Exemple :

et ~ yet	canne
ee ~ yee	réveiller
ees ~ yees ~ bees	neuf
ékëti ~ yékëti	soulever
éeg ~ yéeg	monter
oo ~ woo	appeler
óolu ~ wóolu	se fier
ut ~wut	chercher
uude ~ wuude	cordonnier
ubéer ~ kubéer	couvercle
óbbali ~ bóbbali	bâiller

Le phonème **óo** à l'initiale est transcrit **ó** devant une consonne géminée.

Exemple :

óbbali [o:b:ali] bâiller.

Le phonème **ó**, voyelle brève, n'apparaît pas à l'initiale.

Les phonèmes vocaliques (ou voyelles) en finale

Tous les phonèmes vocaliques (les voyelles) peuvent apparaître en finale.

é et **óo** le cas échéant, se transcrivent respectivement **e** et **oo** conformément à l'usage établi par le décret de transcription.

ée, ó et **uu** ont une occurrence si rare en finale lorsqu'on supprime les mots d'emprunt qu'il faut se demander s'il ne s'agirait pas, pour le reste, d'avatars phonétiques. Il s'agit, en l'occurrence, de :

dée mourir
guró cola ; *pusó* aiguille
luu muet

Table 4

Tableau récapitulatif de la distribution des phonèmes vocaliques															
	a	aa	e	ee	é	ée	ë	i	ii	o	oo	ó	óo	u	uu
initiale	+	+	+	+	+	+	+	+	+	+	+	+	+	+	+
médiane	+	+	+	+	+	+	+	+	+	+	+	+	+	+	+
finale	+	+	+	+	+	+	+	+	+	+	+	+	+	+	+

Les phonèmes consonantiques (ou consonnes) à l'initiale

Les phonèmes **q, nc, nk,** et **nt** sont les seuls phonèmes consonantiques qui n'apparaissent pas en position initiale.

Les phonèmes consonantiques (ou consonnes) en finale

Les phonèmes **c, d, k** et **p** sont les seuls phonèmes consonantiques qui n'apparaissent pas en position finale.

Les phonèmes sonores **b, g, j** en finale de mot sont produits comme leurs correspondants sourds, respectivement **p, k, c**.

Les phonèmes **/c/, /d/, /k/, /p/, /w/,** et **/y/** ont chacun deux allophones (ou variantes combinatoires[6]) :

[6] c-à-d. ces variantes ne se présentent jamais dans le même environnement.

/c/ [c] [c:]
/d/ [d] [d:]
/k/ [k] [k:]
/p/ [p] [p:]
/w/ [w] [w:]
/y/ [y] [y:]

Les phonèmes **cc, dd, kk, pp, ww,** et **yy** sont en distribution complémentaire chacun avec le phonème correspondant[7]. Ils se substituent aux premiers en position intervocalique ou en position finale. Il s'agit en l'occurrence de gémination phonémique.

Table 5

Tableau récapitulatif de la distribution des phonèmes consonantiques															
	b	bb	c	cc	d	dd	f	g	gg	j	jj	k	kk	l	ll
initiale	+	-	+	-	+	-	+	+	-	+	-	+	-	+	-
médiane	+	+	+	+	+	+	+	+	+	+	+	+	+	+	+
finale	+	+	-	+	-	+	+	+	+	+	+	-	+	+	+

suite de la table 5															
	m	mm	mb	mp	n	nc	nd	ng	nj	nk	nn	nq	nt	ñ	ññ
initiale	+	-	+	+	+	-	+	+	+	-	-	+	-	+	-
médiane	+	+	+	+	+	+	+	+	+	+	+	+	+	+	+
finale	+	+	+	+	+	+	+	+	+	+	+	+	+	+	+

suite de la table 5															
	ŋ	ŋŋ	p	pp	q	r	s	t	tt	w	ww	x	y	yy	ʔ
initiale	+	-	+	-	-	+	+	+	-	+	-	+	+	-	+
médiane	+	+	+	+	+	+	+	+	+	+	+	+	+	+	+
finale	+	+	-	+	+	+	+	+	+	+	+	+	+	+	-

[7] ww et yy ont souvent une valeur expressive.

LA MORPHOSYNTAXE

Le mot wolof est souvent composé d'une racine et d'un ou de plusieurs affixes lui apportant :

- soit un sens grammatical : temps, aspect, sujet, objet, circonstant, négation, modalisation, etc.

Exemple :

Lan nga lekk ?
quoi tu manger
Qu'as-tu mangé ?

Lan nga lekkoon ?
Lan nga lekk-oon ?
quoi tu manger-Pass.
Qu'avais-tu mangé ?

Fan nga lekkewoon golo ?
Fan nga lekk-e-w-oon golo ?
où tu manger-Locatif-Épenth.- Pass. singe
Où avais-tu mangé du singe ?

Damay lekk.
Da-ma-y lekk.
Mod.-1ps.-Asp.Inacc. manger
Je mange.

- soit un sens lexical : itération, validation, inversif, exitif, adsitif, etc.[8]

Exemple :

jél
prendre
Lan nga jéliwaatoon ?
Lan nga jél-i-w-aat-oon ?
quoi tu prendre-Exitif-Épenth.-Itératif-Pass.
Qu'est-ce que tu étais encore allé prendre ?

[8] Cf. le tableau des suffixes.

Les affixes

Il y a trois types d'affixes : les préfixes, les infixes et les suffixes.

Les préfixes

Ce sont des particules de dérivation nominale:

Exemple :

ma-, maa-, waa-, ja, nja-, al-, aji-

Les infixes

Un infixe peut être un infixe épenthétique, un infixe d'accomplissement, un nominalisateur ou un emphatique :

- épenthétique :

  Exemple :

  -k-, -kk-, -t-, -l-, -w-

- accomplissement :

  Exemple :

  -ag-

- nominalisateur :

  Exemple :

  -ant-

- emphatique :

  Exemple :

  -oor-

Les suffixes

Un suffixe peut être :

- transitivant : *-al, -e*
- détransitivant : *-e, -lu*
- kinésique : *-e, -lu, -u*
- vectoriel : *-e, -u, -ukaay*
- locatif : -u, -ukaay, -uwaay
- itératif : -i, -ati, -aat, -at
- extirpatif : *-ati, -i*
- agentif : *-aakoon, -kat*
- correctif : *-anti, -arñi*

- privatif : *-adi, -ari*
- de rémanence : *-it*
- dénominatif : *-al, -e*
- ablatif : *-e*
- exitif : *-i*
- interrogatif : *-an*
- plastique : *-andaar*
- expectatif : *-andi*
- idéophone emphatique : *-eet, -éet*
- connectif pluriel : *-i*
- connectif neutre : *-u*
- inversif : *-i, -arci*
- dépréciatif : *-antu*
- dérivatif pluriel : *-een*
- d'accomplissement : *-ag*
- de cooccurrence : *-aale*
- déverbatif : -aan
- de négation : *-ul, -til*
- de temps : *-oon*
- d'insistance : *-aaje, -antaan*
- de réciprocité : *-oo, -ante*
- de personne : *-ees, -am, -til*
- de relation définie : *-i*
- déverbatif : *-aam, -entu, -ental, -antal, -andu,-aan*
- nominalisateur : *-e, -aay, -at, -are, -te, -ent, -eef, -o,-t, -il, -in, -een, -éen, -éer, -arka, -ande, -tan, -andéem, -andeef, -aande, -aanga, -aange, -ant, -antal*

Suffixes de transitivité

Il y a deux types de suffixes de transitivité : les suffixes de transitivité actancielle et les suffixes de transitivité non actancielle. Les premiers dénotent des compléments d'objet, les autres des compléments circonstanciels.

Suffixes de transitivité actancielle

Ils peuvent être :

forts comme *-al, -loo, -e*

Exemple :

daw	courir
dawal	faire courir (conduire)
dawloo	faire courir ; faire fuir
wàcc	descendre

Xale baa ngiy wàcc.
L'enfant descend.
Damay wàcce xale bi.
Je descends l'enfant (je fais descendre l'enfant).

faibles (détransitivants i.e. réducteurs de valence) comme *-u, -lu, -e* :
-u empêche l'emploi d'un actant autre que le sujet. Il correspondrait à la forme pronominale en grammaire française.

Exemple :

tagg faire l'éloge de

Mu ngiy tagg Omar.
Il fait l'éloge d'Omar.
Mu ngiy taggu.
Il fait son propre éloge.

-lu empêche l'emploi d'un tiers actant comme agent.

Exemple :

Dinaa tagglu Omar.
Je ferai faire l'éloge d'Omar.

-e empêche selon les cas l'emploi d'un complément d'objet direct ou l'emploi d'un complément d'objet indirect :

Exemple :

Xaalis a tax ngay tagge.
C'est pour de l'argent que tu loues.

sarax
faire l'aumône à
Nangay saraxe suukar alxames ju jot.
Tu donneras du sucre en aumône chaque jeudi.

Suffixe de transitivité non actancielle

Le suffixe de transitivité *-e* est polyfonctionnel. Dans certaines de ses fonctions, il sert à introduire un complément circonstanciel :

Exemple :

Ganaar gi wàcc na.
poule la descendue Mod.
La poule est descendue.

Ganaar, su doon wàcce taaxum kow sax, kes lañu koy dàqe.
poule, si Inacc.-Pass. descendre-Abl. maison-Connec-Class. haut même, *kes* Mod.-on la-Inacc. chasser-Vect.
Quand bien même une poule descendrait d'un immeuble, on ne la chasserait qu'en criant *kes*.

Ku raxas cin li ?
Qui laver marmite la?
Qui a lavé la marmite ?

Lan nga raxase cin li ?
quoi tu laver-Vect. marmite la?
Avec quoi as-tu lavé la marmite ?

Naka nga def ngato bi ?
comment tu faire gâteau le?
Qu'as-tu fait du gâteau ?

Naka nga defe ngato bi ?
Comment tu faire-Vect. gâteau le?
Comment as-tu préparé le gâteau ?

Comparer les deux énoncés suivants :

Ganaar, su doon wàcce taaxum kow sax, kes lañu koy dàqe.
poule, si Inacc.-Pass. descendre-Abl. maison-Connec-Class. haut même, *kes*
Mod.-on la-Inacc. chasser-Vect.
Quand bien même une poule descendrait d'un immeuble, on ne la chasserait qu'en criant *kes*.

Omar, su doon wàcce sama saaku sax, duma ko jàppale.
Omar, si Inacc.-Pas. descendre-Trans. mon sac même, Inacc.Nég.-je le aider.
Omar, même s'il faisait descendre mon sac, je ne l'aiderais pas.

Les affixes par ordre alphabétique

Les préfixes

aji	*aji-tukki* voyageur ; *aji-kàttan* tout-puissant
al	*Albouri* ; *Aldemba* ; *Alseyni* (noms de personne)
ja	*jaboot* avoir une famille nombreuse
ma	*Mapenda* ; *Makayre* (noms de personne)
maa	*Maajigéen* ; *Maa-Umu* (noms de personne)
nja	*njaniiw* au-delà ; *njanaaw* gent ailée
waa	*waajur* parents ; *waa-kër* famille, maisonnée

Les infixes

-ag-	accomplissement : *demagul* il n'est pas encore parti
-ant-	nominalisateur : *perantal* nourrisson sevré
-aam-	déverbatif : *langaamu* s'accrocher
-k-, -ak-, -ik-	épenthétique : *xottiku* se déchirer
-kk-	épenthétique : *yàkki* élargir
-l-	épenthétique : *yàqule* avoir des choses endommagées
-oor-	emphatique : *yoggoorlu* avachi

Les suffixes

-a	auxiliation : *bëgga dem* vouloir partir
-adi	privatif : *jekkadi* pas convenable
-al	dénominatif transitivant causatif : *fitnaal* traumatiser
-am	génitival : *këram* sa maison
-an	interrogatif : *lan* quoi
-andaar	plastique : *tàppandaar* plat
-ande	nominalisateur : *reewande* impolitesse
-andeef	nominalisateur : *waxandeef* oralité
-andéem	nominalisateur : *doxandéem* étranger
-andi	expectatif : *lekkandi* manger en attendant
-ankoor	transitivant : *gàllankoor* entraver
-antaan	insistance : *dëggantaan* vrai
-ante	réciprocité : *jàppante* s'attraper
-anti	correctif : *jubbanti* redresser
-antu	dépréciatif : *jàggantu* apprendre en dilettante

-arci	inversif : *làqarci* démêler
-are	nominalisateur : *coobare* gré
-ari	privatif : *naqari* désagréable
-arka	nominalisateur : *tàpparka* table de battage du linge
-arñi	correctif : *fottarñi* déboucher
-at	nominalisateur : *cangat* bain magique
-at	itératif : *dammat* briser en menus morceaux
-ati	itératif : *waxati* redire
-ati	extirpatif : *luqati* enlever de son orbite
-aaje	insistance : *nappaaje* écrabouiller
-aakoon	agentif : *fentaakoon* auteur
-aale	cooccurrence : *demaale* partir par la même occasion
-aan	déverbatif : *nawetaan* travailler hors de chez soi pendant l'hivernage
-aande	nominalisateur : *reewaande* impolitesse
-aanga	nominalisateur : *teraanga* hospitalité
-aange	nominalisateur : *tiitaange* peur
-aaral	emphatique : *nemmaaral* sans vie
-aat	itératif : *waxaat* redire
-aay	nominalisateur : *gàttaay* petitesse
-e	vectoriel : *lekke* manger avec
-e	kinésique : *téje* fermé
-e	dénominatif non transitivant : *suufe* bas
-e	ablatif : *jóge* provenir
-e	nominalisateur : *tooye* humidité
-e	détransitivant supplétif de complément : *jàngale* enseigner
-e	transitivant : *aññaane* jaloux
-ent	nominalisateur : *wàllent* contagion
-eef	nominalisateur : *teyeef* fait exprès
-eel	ordinal : *ñaareel* deuxième
-eel	nominalisateur : *miineel* familiarité
-een	pluriel : *beneen* un autre
-ees	pn.3p.sg. : *mënees* on peut
-eet	idéophone emphatique : *ŋayeet* s'ouvrir largement
-éef	nominalisateur : *pastéef* détermination ; décision
-éer	nominalisateur : *ubéer* couvercle
-éet	idéophone emphatique : *ñuxéet* sortir brusquement
-i	extirpatif : *luqi* enlever de son orbite

-i	relation définie : *ki* celui qui
-i	connectif pluriel : *doomi màngo* fruits de manguier
-i	itératif : *pat-pati* trembler
-i	inversif : *teggi* enlever une chose qui était posée
-i	exitif : *lekki* aller manger
-il	nominalisateur : *dalil* début
-in	nominalisateur : *nekkin* façon d'être
-intóor	nominalisateur : *waasintóor* écaille
-it	de rémanence : *dammit* morceau cassé
-it	nominalisateur : *mettit* douleur
-kat	agentif : *fóotkat* lingère
-loo	causatif : *fóotloo* faire laver
-lu	factice : *jooy-jooylu* faire semblant de pleurer
-lu	détransitivant : *ñawlu* faire coudre
-o	nominalisateur : *dayo* limite
-si	adsitif : *liggéeysi* venir travailler
-t	nominalisateur : *jullit* musulman
-tan	nominalisateur : *wextan* bile
-te	nominalisateur : *cawarte* dynamisme
-til	négation : *rombtil Ngaay* ne dépassera pas Ngaye
-u	connectif relationnel neutre : *doomu màngo* mangue
-u	kinésique : *ronu* se placer sous
-u, -ukaay	vectoriel : *seetu* miroir ; *ëppukaay* éventail
-u, -uwaay	locatif : *jàngu* église ; *pénku* orient ; *waxtaanukaay* lieu pour causer ; *gaanuwaay* toilettes

Les affixes amalgamés

Ils sont une combinaison de plusieurs affixes :

-agul accomplissement + négation *demagul* il n'est pas encore parti

-agum	acc. + antithèse de négation	*amagum*	avoir pour l'instant
-ale	transitivant + vectoriel	*taqale*	joindre
-ali	transitivant + exitif	*fàttali*	rappeler
-aliku	trans. + exitif + kinésique	*fàttaliku*	se rappeler
-andoo	verbe *ànd*+ *-oo*	*àndandoo*	compagnon
-andu	déverbatif + transitivant	*jàppandu*	s'agripper
-antal	nominalisateur + transitivant	*mujjantal*	fin
-aamu	déverbatif + kinésique	*langaamu*	s'accrocher

-aate	itératif + détransitivant	*xarabaate*	critiquer
-aatu	itératif + kinésique	*foraatu*	glaner
-eku	détransitivant + kinésique	*xotteeku*	déchiré
-ental	nominalisateur + transitivant	*baaxental*	commémoration
-entu	déverbatif + kinésique	*gëmmentu*	avoir sommeil
-loo	transitivant *-al* + *-oo*	*ay-ayloo*	se relayer
-oo	kinésique + vectoriel	*jubóo*	être d'accord
-ule	kinésique + transitivant	*yàqule*	subir des dommages

LA GRAMMATICALISATION

Il y a des morphèmes[9] lexicaux qui, dans certains contextes, deviennent des morphèmes grammaticaux. Il en est ainsi de :

ne, boo xam ne, dal, ba noppi, woon.

ne (avoir dit) devient une conjonction de subordination (que) et sert à introduire une proposition subordonnée complétive quand le verbe de la proposition principale est l'un des verbes suivants :

xam, foog, defe, xalaat, njort, yaakaar, gis, seetlu, yég, dégg, fàtte, fàttaliku, fàttali, bind, wax, yéene, jàpp.

Exemple :

xam savoir
Xam naa ne mënuma laa fey
je sais que je ne peux pas te payer.

foog penser
Fooguma woon ne dina ñów
je ne pensais pas qu'il viendrait.

defe penser
Defe naa ne moom la
je pense que c'est lui.

xalaat penser
Noonu, mu xalaat ne dëgg la
Alors, il pensa que c'était vrai.

njort penser
Njort naa ne dina am
je pense que cela se produira.

gis constater
Gis naa ne du wax ak yow
j'ai constaté qu'il ne te parle pas.

[9] Cf. Glossaire de terminologie linguistique.

seetlu remarquer
Seetlu naa ne du wax ak yow
j'ai remarqué qu'il ne te parle pas.

yaakaar espérer
Yaakaar nga ne dina ko def
tu espères qu'il le fera ?

yég être informé de
Yég nga ne takk na jabar
as-tu appris qu'il s'est marié ?

dégg ouï-dire
Dégg naa ne takk na
j'ai appris qu'il s'est marié.

fàtte oublier
Bul fàtte ne ceeb amul
n'oublie pas qu'il n'y a pas de riz.

fàttaliku se rappeler
Fàttalikuwul ne amoon na ci
il ne se souvient pas qu'il en avait ?

fàttali rappeler
Fàttali ko ne tey la
rappelle-lui que c'est aujourd'hui.

bind écrire
Bind nañu ne dina dellusi
il est écrit qu'il reviendra.

wax dire ; parler
Wax nañu ne noonu la
on a dit que c'est ainsi.

jàpp considérer
Jàppal ne noonu la
considère que c'est ainsi.

yéene annoncer verbalement au public
Yéene nañu ne ndox du am
on a annoncé qu'il n'y aura pas d'eau.

boo xam ne (que-tu savoir avoir-dit) devient un substitut pronominal (que, qui).

Exemple :

Jénd naa woto boo xam ne dina la neex
j'ai acheté une voiture qui te plaîra.

La consonne ***b*** de *boo* est un classificateur. Elle varie suivant la classe du nom que *-oo xam ne* a pour antécédent. On peut donc, à l'exception de *c*, rencontrer tous les classificateurs : *b, f, g, j, k, l, m, n, ñ, s, w, y*[10].

Exemple :

Fas woo xam ne du raw
un cheval qui ne remporte pas de victoire.
Woy woo xam ne yeetewul du woy
un chant qui n'éduque pas n'est pas un chant.

dal (commencer, cesser, tomber sur un point) devient un adverbe ou une conjonction de coordination dans le syntagme ***dal di*** (puis, ensuite, après cela, immédiatement, aussitôt). ***dal di*** doit toujours précéder le verbe qu'il modifie.

Exemple :

Taw bi dal na
La pluie a commencé / a cessé.
Lu la dal
Qu'est-ce qui t'est arrivé ?
Dafa dugg rekk mbej ma dal
À peine fut-il entré que la gifle tomba.
Mu reer ***dal di*** *tëri*
il dîna puis alla se coucher.

[10] Cf. Classificateurs et classes nominales. Les différents classificateurs.

Dalal di *dem wooyi sa yaay*

va immédiatement appeler ta mère.

ba noppi (jusque finir) devient un adverbe ou une conjonction de coordination qui indique une séquence de procès (puis, après, ensuite).

Exemple :

Dangay baxal ndox, ba noppi sotti ci ceeb bi, ba noppi def ci tuuti xorom

tu fais bouillir de l'eau, puis (tu) y verses le riz, puis (tu) y mets un peu de sel.

bu, substitut pronominal, est par ailleurs recatégorisé pour être une conjonction de subordination (quand, au moment où).

Exemple :

Bu ñibbisee, nga ne ko mu seetsi ma

quand il sera rentré, tu lui diras de venir me voir.

lu, substitut pronominal, est par ailleurs recatégorisé comme pronom interrogatif (quoi, qu'est-ce que).

Exemple :

lu mu wax

qu'est-ce qu'il a dit ?

te du (et / être-Négation) devient une locution interrogative (n'est-ce pas ?). Il se place au début ou à la fin de la proposition.

Exemple :

Du yàpp te du jén

ce n'est pas de la viande et ce n'est pas du poisson.

Maay sa xarit, <u>te du</u>

c'est moi ton ami, n'est-ce pas ?

lu tax (substitut pronominal / causer) devient par recatégorisation une locution interrogative (pourquoi ?).

Exemple :

Lu tax mu dem

pourquoi est-il parti ?

woon (une forme de <u>être</u> au passé) devient la marque du passé.

Exemple :

La woon wonni na

ce qui était (prévalait) n'est (ne prévaut) plus.

Omar ma woon du mii
Omar qui était (d'antan) n'est pas celui-ci.

y ~ di (une forme de être) se recatégorise en marque de l'aspect inaccompli.

Exemple :

Dangeen ***di*** *samay xarit*
c'est parce que vous êtes mes amis.
Dangeen ***di*** *lekk*
vous mangez.

La plupart des articles connaissent une forme de recatégorisation en tant que substituts pronominaux. Ainsi :

bu, gu, ju, ku, lu, su, wu > lequel, laquelle
bi, gi, ji, ki, li, si, wi > celui, celle (que)
ba, ga, ja, ka, la, sa, wa > celui, celle (que)

ñu, yu > lesquels, lesquelles
ñi, yi > ceux, celles (que)
ña, ya > ceux, celles (que)

Tableau de locutions grammaticalisées : locutions adverbiales.

astemaak <	*aste ma ak*	à plus forte raison	locution adverbiale
ba-bëgga-dee		bel et bien	loc. adv.
balaacaag <	*balaa ca àgg*	plutôt	loc. adv.
batey <	*ba tey*	soit	loc. adv.
buyàgg <	*bu yàgg*	depuis longtemps	loc. adv.
buyeboo <	*bu yeboo*	tant pis	loc. adv.
daanaka <	*dafa mel naka*	en quelque sorte	loc. adv.
dawraw <	*daw raw*	encore mieux, pire	loc. adv.
gannaaw-si-tey		désormais	loc. adv.
jombul		peut-être	loc. adv.
kudem <	*ku dem*	si ça se trouve	loc. adv.
ludul <	*lu dul*	sauf	loc. adv.
lukomoy <	*lu ko moy*	autrement	loc. adv.
naka jekk		normalement	loc. adv.
rawatina <	*raw ati na*	à plus forte raison	loc. adv.
rax ci dolli		qui plus est	loc. adv.
waxatumalaak <	*waxatuma la ak*	à plus forte raison	loc. adv.
waxinoppi <	*waxi noppi*	à plus forte raison	loc. adv.
xef-ak-xippi		en un clin d'œil	loc. adv.
xéj-na		peut-être	loc. adv.

L'AVANT-SYNTAXE

Il y a en Wolof comme dans toutes les langues des énoncés qui ne se plient pas à la syntaxe de la langue. Ce sont :

- des mots-phrases
Exemple :
Bañaka !
Et comment !

- des énoncés tronqués
Exemple :
Xanaa dem.
Partir, certainement.

Wuub, sàcc eey !
Oh voleur!

Man, juuti ?!
Moi, percepteur ?!

- des interjections
Exemple :
Ey ndeysaan !
traduit l'émerveillement, la compassion
Cam doom !
traduit l'émerveillement
Cim !
traduit le dégoût

LA SYNTAXE

La structure de base de la proposition en Wolof est :

Sujet + Verbe + Complément.

Mais cet ordre est presque toujours modifié par le locuteur, compte tenu des facteurs suivants :

- la façon dont il appréhende son idée,
- la perception qu'il veut qu'on ait de son énoncé,
- le terme qu'il veut faire passer comme principal élément d'information dans son énoncé.

Aussi, le locuteur a divers moyens pour faire en sorte que son message soit bien interprété. Il faut considérer deux niveaux principalement.

1- Pour modaliser sa pensée, le locuteur wolof dispose de marqueurs de modalisation (M.mod.) ou modalisateurs (Mod.) qui sont des outils grammaticaux qui indiquent que l'énoncé a une valeur explicative, projective, incitative, impérative, ou hypothétique.

2- Pour mettre en relief un des termes de la proposition et en faire le principal élément d'information, le locuteur placera ce terme en position de tête de proposition. Il peut ainsi faire une mise en relief du sujet (M.R.S.), une mise en relief du verbe (M.R.V.), ou une mise en relief du complément (M.R.C.). Ces mises en relief (ou focalisation) se font chacune avec des modalisateurs appropriés.

Le locuteur a parfois besoin de poser des jalons fixant dès le départ l'être, ou la chose dont il parle, c'est-à-dire : le thème de son énoncé. Il peut encore avoir à modaliser son énoncé comme une interrogation. À cela s'ajoutent les éléments suprasegmentaux comme l'intonation et la gestuelle qui ont, elles aussi, une valeur interprétative.

Place des modalisateurs

dafa, dina, na ne changent pas l'ordre canonique (s-v-c) des termes de la proposition. Ils se mettent en début de proposition.

a, a ng-, na, la, quant à eux, placent en tête de proposition le terme qu'ils marquent, le mettant ainsi en relief. Ils viennent immédiatement après le terme qu'ils déplacent.

Les modalisateurs se soudent aux marques de personne sujet.

Les différentes structures de la phrase

Sujet-Verbe-Complément

Les exemples de propositions dont la structure est : S V C apparaissent dans des contextes bien précis. Il s'agit en l'occurrence :

- d'énoncés narratifs,
- de propositions subordonnées complétives introduites ou non par un substitut pronominal ayant une fonction de complétif,
- de propositions ayant subi une suppression d'un ou de plusieurs éléments.

Exemple :

Dafa amoon benn waxambaane. Mu jékki jékki benn bés rekk ne baay ji mu wutal ko jabar.

Dafa amoon benn waxambaane.
dafa-Ø am-oon benn waxambaane.
Mod.-3p.sg. avoir-Pass. un jeune-homme.
Il était une fois un jeune homme.

Mu jékki jékki benn bés rekk ne baay ji
Il rester rester un jour seulement dire père le
Il se leva un beau jour et (il) dit à son père (narratif),

mu wutal ko jabar.
il chercher-pour lui épouse
de lui trouver une épouse (sub. complétive).

Dama bëgg nga wutal ma soxna.

Dama bëgg
da-ma bëgg
Mod.-je vouloir
Je veux

nga wutal ma soxna
nga wut-al ma soxna
tu chercher-pour moi épouse
que tu me cherches une épouse (sub. complétive).

Aca <u>ñu dem</u> ! < *Aca nañu dem*

Aca
Interj.
allez
ñu dem
nous partir
Allez, partons !

<u>Ñu lekk ceeb bi</u> nga wax ?

ñu lekk ceeb bi
nous manger riz le
nous mangeons le riz (sub. complétive)

nga wax
tu dire
tu as dit ?

Énoncé à valeur explicative

Le modalisateur ***da*** qui se présente sous la forme ***dafa*** à la troisième personne du singulier est la variante grammaticale du terme lexical *ndax* (c'est parce que). Il touche toute la proposition qu'il précède. Lorsqu'on emploie le modalisateur ***da***, le sujet grammatical est toujours un pronom. S se réécrit : *ma, nga, (*vide*), nu, ngeen, ñu.*

La structure d'une proposition marquée par *da* est :

***da**-S* //[11] V // C
da-ma gis Omar

[11] Le signe // est placé ici entre des éléments non attachés. Le signe - est pour indiquer des éléments attachés.

j'ai vu Omar
***da**-S* // V-Nég. // C
da-ma gis-ul Omar
je n'ai pas vu Omar

***da**-S* // V-Pass. // C
da-ma gis-oon Omar
j'avais vu Omar
***da**-S* // V-Nég.-Pass. // C
***da**-ma gis-ul-oon Omar*
je n'avais pas vu Omar

***da**-S*-Inacc.Prt[12]. // V // C
da-ma-y gis Omar
je vois Omar

***da**-S* // Inacc.Hab.-Nég. // V // C
da-ma d-ul gis Omar
je ne vois pas Omar

***da**-S* // Inacc.Pass.[13] // V // C
da-ma d-oon gis Omar
je voyais Omar

***da**-S* // Inacc.Hab.-Nég.-Pass. // V // C
da-ma d-ul-oon gis Omar
je ne voyais pas Omar

***da**-S* // C // V
da-ma ko gis
je l'ai vu

***da**-S* // C // V-Nég.

---

[12] Noter qu'à la deuxième personne du pluriel, l'auxiliaire verbal est écrit *di* au lieu de *-y*. Dans ce cas il n'est pas attaché.
[13] Quand il y a valeur de passé (Pass.) ou valeur d'habitude (Hab.), l'auxiliaire verbal ***y*** qui est la marque de l'inaccompli se présente sous la forme ***di***. *di + -oon* (marque du passé) se réécrit *doon*. *di + -ul* (marque de négation) se réécrit *dul*.

da-ma ko gis-ul
je ne l'ai pas vu

da-*S* // C // V-Pass.
da-ma ko gis-oon
je l'avais vu
da-*S* // C // V-Nég.-Pass.
da-ma ko gis-ul-oon
je ne l'avais pas vu

da-*S* // C-Inacc.Prt. // V
da-ma ko-y gis
je le vois

da-*S* // C // Inacc.Hab.-Nég. // V
da-ma ko d-ul gis
je ne le vois pas

da-*S* // C // Inacc.-Pass. // V
da-ma ko d-oon gis
je le voyais

da-*S* // C // Inacc.Hab.-Nég.-Pass. // V
da-ma ko d-ul-oon gis
je ne le voyais pas

Tableau récapitulatif de la structure des propositions marquées par *dafa ~ da* :

- sans auxiliaire verbal

Modal.	Sujet	Verbe	Négation -ul	Passé -oon	(Complément)[14]	Exemple
da	*ma*	V			C	*dama lekk* j'ai mangé
da	*ma*	V	*-ul*		C	*dama lekkul* je n'ai pas mangé
da	*ma*	V		*-oon*	C	*dama lekkoon* j'avais mangé
da	*ma*	V	*-ul*	*-oon*	C	*dama lekkuloon* je n'avais pas mangé

- avec un auxiliaire verbal

Modal.	Sujet	(Auxiliaire verbal)	Négation	Temps	Verbe	(complément)	
da	*ma*	Aux.v.			V	C	*damay lekk* je mange
da	*ma*	Aux.v.	*-ul*		V	C	*dama dul*[15] *lekk* je ne mange pas
da	*ma*	Aux.v.		*-oon*	V	C	*dama doon lekk* je mangeais
da	*ma*	Aux.v.	*-ul*	*-oon*	V	c	*dama duloon lekk* je ne mangeais pas

[14] L'emploi d'un auxiliaire verbal de même que celui d'un complément sont contextuels. Une proposition peut être sans complément. Un complément peut lui-même être une proposition.

[15] Ici, l'auxiliaire verbal qui se trouve être la marque de l'inaccompli donne au prédicat une valeur d'habitude.

- sans auxiliaire verbal, mais avec un complément pronominal.

Modal.	Sujet	Pronom complément	Verbe	Négation -ul	Passé -oon	Exemple
da	*ma*	C	V			*dama ko lekk* je l'ai mangé
da	*ma*	C	V	*-ul*		*dama ko lekkul* je ne l'ai pas mangé
da	*ma*	C	V		*-oon*	*dama ko lekkoon* je l'avais mangé
da	*ma*	C	V	*-ul*	*-oon*	*dama ko lekkuloon* je ne l'avais pas mangé

- avec un auxiliaire verbal et un complément pronominal.

Modal.	Sujet	Pronom compléme nt	Auxiliaire verbal	Négat ion	Temps	Verbe	Exemple
da	*ma*	C	Aux.v.			V	*dama koy lekk* je le mange
da	*ma*	C	Aux.v.	*-ul*		V	*dama ko dul lekk* je ne le mange pas
da	*ma*	C	Aux.v.		*-oon*	V	*dama ko doon lekk* je le mangeais
da	*ma*	C	Aux.v.	*-ul*	*-oon*	V	*dama ko duloon lekk* je ne le mangeais pas

Énoncé à valeur projective

Le modalisateur ***dina***, qui se présente sous la forme ***di*** à la deuxième personne, cible toute la proposition qu'il précède. Lorsqu'on emploie le modalisateur ***dina***, le sujet est toujours un pronom et il se réécrit : *a, nga, (*vide*), nu, ngeen, ñu.*

dina combiné à la marque ***-ul*** de la négation forment ensemble le syntagme ***du***.

La structure d'une proposition marquée par *dina* est :

di(na)-S // V // C
dina-a gis Omar
je verrai Omar
di(na)-S // C // V
dina-a ko gis
je le verrai

du-S // V // C
du-ma gis Omar
je ne verrai pas Omar
du-S // C // V
du-ma ko gis
je ne le verrai pas

Tableau récapitulatif de la structure des propositions marquées par *dina* ~ *du*

Modal.	Sujet	Verbe	Complément	Exemple
dina	S	V	C	*dinaa def sama warugar* je ferai mon devoir
du	S	V	C	*duma def sama warugar* je ne ferai pas mon devoir

- avec un complément pronominal

Modal.	Sujet	Complément	Verbe	Exemple
dina	S	C	V	*dinaa ko def* je le ferai
du	S	C	V	*duma ko def* je ne le ferai pas

Énoncé à valeur injonctive

Le modalisateur ***na*** de l'incitatif se présente sous la forme ***bul*** à la forme négative. Il couvre toute la proposition qu'il précède. Lorsqu'on emploie la variante ***bul***[16], on ne marque pas la deuxième personne.

Avec l'incitatif, le sujet à la troisième personne peut être un nom. Quand à la troisième personne du singulier de la forme affirmative, le sujet n'est pas un nom, il n'est pas marqué. Les pronoms sujets se réécrivent : *a, nga, (*vide*), nu, ngeen, ñu.*

La structure d'une proposition marquée par *na* est :

na-S//V//C
na-ñu dem ca kër ga
qu'ils aillent à la maison
na-S-Aux.v.//V//C
na-ñu-y dem ca kër ga
qu'ils aillent à la maison (valeur fréquentative)

[16] Le plus souvent les locuteurs font tomber la consonne *l* de *bul* devant un pronom.

na-S//C//V
na-ñu fa dem
qu'ils y aillent
na-S//C-Aux.v.//V
nañu fa-y dem
qu'ils y aillent (valeur fréquentative)

bu//S//V//C
bu ñu dem ca kër ga
qu'ils n'aillent pas à la maison

bu//S-Aux.v.//V//C
bu ñu-y dem ca kër ga
qu'ils n'aillent pas à la maison (valeur fréquentative)
bu//S//C//V
bu ñu fa dem
qu'ils n'y aillent pas

bu//S//C-Aux.v.//V
bu ñu fa-y dem
qu'ils n'y aillent pas (valeur fréquentative)

Tableau récapitulatif de la structure des propositions marquées par *na* :

- sans auxiliaire

Modal.	Sujet	Verbe	Complé ment	Exemple
na	S	V	C	*nañu dem ca kër ga* qu'ils aillent à la maison
bul	S	V	C	*bu ñu dem ca kër ga* qu'ils n'aillent pas à la maison

- sans auxiliaire, avec un complément pronominal

Modal.	Sujet	Complément	Verbe	Exemple
na	S	C	V	*nañu fa dem* qu'ils y aillent
bul	S	C	V	*bu ñu fa dem* qu'ils n'y aillent pas

- avec auxiliaire

Modal.	Sujet	Auxilia ire verbal	Verbe	Complé ment	Exemple
na	S	Aux.v.	V	C	*nañuy dem ca kër ga* qu'ils aillent à la maison
bul	S	Aux.v.	V	C	*bu ñuy dem ca kër ga* qu'ils n'aillent pas à la maison

- avec auxiliaire et avec un complément pronominal

Modal.	Sujet	Complément	Auxiliaire verbal	Verbe	Exemple
na	S	C	Aux.v.	V	*nañu fay dem* qu'ils y aillent
bul	S	C	Aux.v.	V	*bu ñu fay dem* qu'ils n'y aillent pas

Énoncé à valeur hypothétique

Le modalisateur ***su*** de l'hypothèse ne touche que la proposition subordonnée qu'il introduit. Lorsqu'on emploie ***su***, on ne marque pas la troisième personne si celle-ci n'est pas un nom.

Avec l'hypothétique, le sujet est toujours un pronom, sauf à la troisième personne où il peut aussi être un nom. Les pronoms sujets se réécrivent : *ma, nga*[17]*, (*vide*), nu, ngeen, ñu.*

La structure d'une proposition marquée par *su* est :

su//S//V-Antér[18].//C
su ma dem-ee marse
si je vais au marché

su//S//V-Nég.-Antér.//C
su ma dem-ul-ee marse
si je n'ai pas été au marché

su//S//V-Pass.//C
su ma dem-oon marse
si j'avais été au marché

su//S//V-Nég.-Pass.//C
su ma dem-ul-oon marse
si je n'avais pas été au marché

su//S//C//V-Antér.
su ma fa dem-ee
si j'y vais

su//S//C//V-Nég.-Antér.
su ma fa dem-ul-ee
si je n'y ai pas été

su//S//C//V-Pass.
su ma fa dem-oon
si j'y avais été

[17] La rencontre du modalisateur *su* avec la deuxième personne *nga* donne le syntagme *soo*.
[18] Antér. est mis pour antériorité. La proposition introduite par *su* prend nécessairement la marque aspectuelle *y ~ di* ou la marque d'antériorité *–ee*.

su//S//C//V-Nég.-Pass.
su ma fa dem-ul-oon
si je n'y avais pas été

su//S-Aux.v.//V//C
su ma-y dem marse
si je vais au marché
su//S//Aux.v.-Nég.//V//C
su ma d-ul dem marse
si je ne vais pas au marché

su//S//Aux.v.-Pass.//V//C
su ma d-oon dem marse
si j'allais au marché

su//S//Aux.v.-Nég.-Pass.//V//C
su ma d-ul-oon dem marse
si je n'allais pas au marché

su//S//C-Aux.v.//V
su ma fa-y dem
si j'y vais

su//S//C//Aux.v.-Nég.//V
su ma fa d-ul dem
si je n'y vais pas

su//S//C//Aux.v.-Pass.//V
su ma fa d-oon dem
si j'y allais

su//S//C//Aux.v.-Nég.-Pass.//V
su ma fa d-ul-oon dem
si je n'y allais pas

Tableau récapitulatif de la structure des propositions marquées par *su* :

- sans auxiliaire verbal

Modal.	Sjt	Verb	Nég.	Antér.	Passé	Cpt.	Exemple
su	S	V		*-ee*		C	*su ma demee marse* si je vais au marché
su	S	V	*-ul*	*-ee*		C	*su ma demulee marse* si je n'ai pas été au marché
su	S	V			*-oon*	C	*su ma demoon marse* si j'avais été au marché
su	S	V	*-ul*		*-oon*	C	*su ma demuloon marse* si je n'avais pas été au marché

- sans auxiliaire verbal, avec un complément pronominal

Modal	Sjt	Cpt.	Verb	Nég.	Antér.	Passé	Exemple
su	S	C	V		*-ee*		*su ma fa demee* si j'y vais
su	S	C	V	*-ul*	*-ee*		*su ma fa demulee* si je n'y ai pas été
su	S	C	V			*-oon*	*su ma fa demoon* si j'y avais été
su	S	C	V	*-ul*		*-oon*	*su ma fa demuloon* si je n'y avais pas été

- avec auxiliaire verbal

Modal.	Sjt	Auxiliaire verbal	Nég.	Passé	Verb	Cpt.	Exemple
su	S	Aux.v.			V	C	*su may dem marse* si je vais au marché
su	S	Aux.v.	*-ul*		V	C	*su ma dul dem marse* si je ne vais pas au marché
su	S	Aux.v.		*-oon*	V	C	*su ma doon dem marse* si j'allais au marché
su	S	Aux.v.	*-ul*	*-oon*	V	C	*su ma duloon dem marse* si je n'allais pas au marché

- avec auxiliaire verbal, avec un complément pronominal

Modal.	Sjt	Cpt.	Auxiliaire verbal	Nég.	Passé	Verb	Exemple
su	S	C	Aux.v.			V	*su ma fay dem* si j'y vais
su	S	C	Aux.v.	*-ul*		V	*su ma fa dul dem* si je n'y vais pas
su	S	C	Aux.v.		*-oon*	V	*su ma fa doon dem* si j'y allais
su	S	C	Aux.v.	*-ul*	*-oon*	V	*su ma fa duloon dem* si je n'y allais pas

Énoncé à valeur d'impératif

Avec l'impératif, le sujet est toujours un pronom. Les pronoms sujets se réécrivent : *-l*[19], *leen.*

La structure d'une proposition à l'impératif est :

V-S//C
Jél-al xale bi / jél-leen xale bi / jél-leen ko
prends l'enfant / prenez l'enfant / prenez-le
V//C
jél ko
prends-le

Aux.v.-S//V//C
di-l dem ca kër ga
Il faut aller à la maison (valeur fréquentative)

Aux.v.//C//V
di fa dem
Il faut y aller (valeur fréquentative)

Aux.v.-S//C//V
di-leen fa dem
Il faut y aller (valeur fréquentative)

[19] La marque de personne *–l* a une variante en *–al* devant les verbes terminés par une consonne. Par ailleurs, elle allonge les voyelles *a, e, o* quand celles-ci la précèdent.

Tableau récapitulatif de la structure des propositions à l'impératif

- sans auxiliaire verbal

Verbe	Sujet	Complément	Exemple
V	S	C	*jélal / jélleen xale bi* prends l'enfant / prenez l'enfant

- sans auxiliaire verbal, avec un complément pronominal

Verbe	Sujet	Complément	Exemple
V	(S singulier) non marqué	C	*jél ko* prends-le
V	S	C	*jélleen ko* prenez-le

- avec auxiliaire verbal

Auxiliaire verbal	Sujet	Verbe	Complément	Exemple
Aux.v.	S	V	C	*dil dem ca kër ga* Il faut aller à la maison

- avec auxiliaire verbal, et un complément pronominal

Auxiliaire verbal	Sujet	Complément	Verbe	Exemple
Aux.v.		C	V	*di fa dem* Il faut y aller
Aux.v.	S	C	V	*dileen fa dem* Il faut y aller

Énoncé avec une mise en relief du sujet

La marque ***a*** de mise en relief du sujet se place immédiatement après le sujet. Le sujet est toujours un pronom, sauf à la troisième personne où il peut être un nom. Les pronoms sujets se réécrivent : *ma, ya, mu, nu, yeen, ñu*[20].

La structure d'une proposition avec une mise en relief du sujet est :

S//a[21]//V//C
Omar a gis Faatu
c'est Omar qui a vu Fatou

S//a//V-Nég.//C
Omar a gisul Faatu
c'est Omar qui n'a pas vu Fatou

S//a//V-Pass.//C
Omar a gisoon Faatu
c'est Omar qui avait vu Fatou
S//a//V-Nég.-Pass.//C
Omar a gisuloon Faatu
c'est Omar qui n'avait pas vu Fatou

S//a//C//V
Omar a ko gis
c'est Omar qui l'a vue

S//a//C//V-Nég.
Omar a ko gisul
c'est Omar qui ne l'a pas vue

S//a//C//V-Pass.
Omar a ko gisoon
c'est Omar qui l'avait vue

---

[20] *mu, nu* et *ñu* s'amalgament avec le modalisateur *a* pour devenir respectivement *moo, noo* et *ñoo*.
[21] Si S est un pronom, *a* est attaché au pronom. Exemple : *maa ko gis* c'est moi qui l'ai vu.

S//a//C//V-Nég.-Pass.
Omar a ko gisuloon
c'est Omar qui ne l'avait pas vue

S//a-Aux.v.//V//C
Omar ay gis Faatu
c'est Omar qui voit Fatou

S//a//Aux.v.-Nég.//V//C
Omar a dul gis Faatu
c'est Omar qui ne voit pas Fatou

S//a//Aux.v.-Pass.//V//C
Omar a doon gis Faatu
c'est Omar qui voyait Fatou

S//a//Aux.v.-Nég.-Pass.//V//C
Omar a duloon gis Faatu
c'est Omar qui ne voyait pas Fatou
S//a//C-Aux.v.//V
Omar a koy gis
c'est Omar qui la voit
S//a//C//Aux.v.-Nég.//V
Omar a ko dul gis
c'est Omar qui ne la voit pas

S//a//C//Aux.v.-Pass.//V
Omar a ko doon gis
c'est Omar qui la voyait

S//a//C//Aux.v.-Nég.-Pass.//V
Omar a ko duloon gis
c'est Omar qui ne la voyait pas

Tableau récapitulatif de la structure des propositions avec une mise en relief du sujet

- sans auxiliaire verbal

Sujet	Modal.	Verbe	Négation	Passé	Complément	Exemple
S	a	V			C	*Omar a gis Faatu* c'est Omar qui a vu Fatou
S	a	V	-ul		C	*Omar a gisul Faatu* c'est Omar qui n'a pas vu Fatou
S	a	V		-oon	C	*Faatu* c'est Omar qui avait vu Fatou
S	a	V	-ul	-oon	C	*Omar a gisuloon Faatu* c'est Omar qui n'avait pas vu Fatou

- sans auxiliaire verbal, avec un complément pronominal

Sujet	Modal.	Complément	Verbe	Négation	Passé	Exemple
S	a	C	V			*Omar a ko gis* c'est Omar qui l'a vue
S	a	C	V	-ul		*Omar a ko gisul* c'est Omar qui ne l'a pas vue
S	a	C	V		-oon	*Omar a ko gisoon* c'est Omar qui l'avait vue
S	a	C	V	-ul	-oon	*Omar a ko gisuloon* c'est Omar qui ne l'avait pas vue

- avec auxiliaire verbal

Sujet	Modal.	Auxiliaire verbal	Négation	Passé	Verbe	Complément	Exemple
S	a	Aux.v.			V	C	*Omar ay gis Faatu* c'est Omar qui voit Fatou
S	a	Aux.v.	-ul		V	C	*Omar a dul gis Faatu* c'est Omar qui ne voit pas Fatou
S	a	Aux.v.		-oon	V	C	*Omar a doon gis Faatu* c'est Omar qui voyait Fatou
S	a	Aux.v.	-ul	-oon	V	C	*Omar a duloon gis Faatu* c'est Omar qui ne voyait pas Fatou

- avec auxiliaire verbal, et un complément pronominal

Sujet	Modal.	Complément	Auxiliaire verbal	Négation	Passé	Verbe	Exemple
S	a	C	Aux.v.			V	*Omar a koy gis* c'est Omar qui la voit
S	a	C	Aux.v.	-ul		V	*Omar a ko dul gis* c'est Omar qui ne la voit pas
S	a	C	Aux.v.		-oon	V	*Omar a ko doon gis* c'est Omar qui la voyait
S	a	C	Aux.v.	-ul	-oon	V	*Omar a ko duloon gis* c'est Omar qui ne la voyait pas

Énoncé avec une mise en relief du verbe

Lorsqu'on fait une mise en relief du verbe, le verbe se déplace et devient tête de proposition. Cette opération se fait à l'aide de la marque de modalisation ***na***. Le sujet est toujours un pronom. Les pronoms sujets se réécrivent : *a, nga,* (vide), *nu, ngeen, ñu.*

La structure d'une proposition avec une mise en relief du sujet est :

V//na-S[22]//C
gis na-nu Faatu
nous avons vu Fatou
gis na-nu ko
nous l'avons vue

V-Pass.//na-S//C
gis-oon na-nu Faatu
nous avions vu Fatou
gis-oon na-nu ko
nous l'avions vue

V-Nég.-S//C
gis-u-nu Faatu
nous n'avons pas vu Fatou
gis-u-nu ko
nous ne l'avons pas vue

V-Nég.-S//Pass.//C
gis-u-nu woon Faatu
nous n'avions pas vu Fatou

V-Nég.-S//C//Pass.
gis-u-nu ko woon
nous ne l'avions pas vue

[22] Le modalisateur *na* disparaît en présence de la deuxième personne. Il disparaît également quand on emploie la forme négative.

Tableau récapitulatif de la structure des propositions avec une mise en relief du verbe

- avec négation ou avec passé

Verbe	Négation	Passé	Modal.	Sujet	Complément	Exemple
V			na	S	C	*gis nanu Faatu / ko* nous avons vu Fatou
V		-oon	na	S	C	*gisoon nanu Faatu / ko* nous avions vu Fatou
V	-ul			S	C	*gisunu Faatu / ko* nous n'avons pas vu Fatou

- avec négation et passé

Verbe	Négation	Sujet	Passé	Complément	Exemple
V	-ul	S	-oon	C	*gisunu woon Faatu* nous n'avions pas vu Fatou

- avec négation et passé, le complément étant un pronom

Verbe	Négation	Sujet	Complément	Passé	Exemple
V	-ul	S	C	-oon	*gisunu ko woon* nous ne l'avions pas vue

Énoncé avec une mise en relief du complément

Lorsqu'on fait une mise en relief du complément, le complément devient tête de proposition. Cette opération se fait avec la marque ***la***. Le sujet est toujours un pronom, sauf à la troisième personne où il peut être un nom. Les pronoms sujets se réécrivent : *a, nga,* (vide), *nu, ngeen, ñu.*

Avec la mise en relief du complément, les pronoms compléments sont :

man, yow, moom, nun, yeen, ñoom

et non plus

ma, la, ko, nu, leen, leen.

La structure d'une proposition avec une mise en relief du complément est :

C//la[23]//S[24]//V
yow la Omar gis
c'est toi qu'Omar a vu

C//la//S//V-Nég.
yow la Omar gisul
c'est toi qu'Omar n'a pas vu

C//la//S//V-Pass.
yow la Omar gisoon
c'est toi qu'Omar avait vu

C//la//S//V-Nég.-Pass.
yow la Omar gisuloon
c'est toi qu'Omar n'avait pa vu

C//la//S//Aux.v.[25]//V
yow la Omar di gis
c'est toi qu'Omar voit

C//la//S//Aux.v.-Nég.//V

---

[23] Le modalisateur ***la*** disparaît en présence de la deuxième personne.
[24] Si S est un pronom, il est attaché au modalisateur *la*.
[25] Si l'auxiliaire verbal est ***y***, il est attaché à S. En présence de Nég. et Pass., l'auxiliaire verbal est toujours ***di***.

yow la Omar dul gis
c'est toi qu'Omar ne voit pas

C//la//S//Aux.v.-Pass.//V
yow la Omar doon gis
c'est toi qu'Omar voyait

C//la//S//Aux.v.-Nég.-Pass.//V
yow la Omar duloon gis
c'est toi qu'Omar ne voyait pas

Tableau récapitulatif de la structure des propositions avec une mise en relief du complément

- sans auxiliaire verbal

Complément	Modal.	Sujet	Verbe	Négation	Passé	Exemple
C	la	S	V			*yow la Omar gis* c'est toi qu'Omar a vu
C	la	S	V	*-ul*		*yow la Omar gisul* c'est toi qu'Omar n'a pas vu
C	la	S	V		*-oon*	*yow la Omar gisoon* c'est toi qu'Omar avait vu
C	la	S	V	*-ul*	*-oon*	*yow la Omar gisuloon* c'est toi qu'Omar n'avait pa vu

- avec auxiliaire verbal

Complément	Modal.	Sujet	Auxiliaire verbal	Négation	Passé	Verbe	Exemple
C	la	S	Aux.v.			V	*yow la Omar di gis* c'est toi qu'Omar voit
C	la	S	Aux.v.	*-ul*		V	*yow la Omar dul gis* c'est toi qu'Omar ne voit pas
C	la	S	Aux.v.		*-oon*	V	*yow la Omar doon gis* c'est toi qu'Omar voyait
C	la	S	Aux.v.	*-ul*	*-oon*	V	*yow la Omar duloon gis* c'est toi qu'Omar ne voyait pas

Énoncé avec emploi d'un thème

La structure de ce type d'énoncé consiste à poser le thème avant la proposition et de le reprendre par un pronom qui sera le sujet grammatical du verbe de la proposition.

Exemple :

Thèmes	Propositions
Xale yi Les enfants	*dinañu agsi bala ngay dem* ils arriveront avant que tu ne partes.
Kii Celui-là	*dafa*-(3p.sg. vide) *dof xanaa* serait-il fou ?
Yow Toi	*Ndakaaru nga dëkk* tu habites à Dakar ?
Li gënoona baax ci nun Ce qui serait mieux pour nous	*moo*[26] *di nga seeti ko* c'est que tu ailles le voir.

Le thème peut lui-même être précédé par d'autres syntagmes tels qu'un complément circontanciel de temps et/ou un adverbe.

Exemple :

Syntagme adverbiale	thème	proposition
Ba daal tey Et comme ça, aujourd'hui,	***xale yi*** **les enfants**	*duñu foyi ?* ils n'iront pas jouer ?
Tedu N'est-ce pas que	***Omar*** **Omar**	*dina ñów tey ?* viendra aujourd'hui ?
Xanaa Serait-ce que	***waa ji*** **le gars**	*dafa la fàtte ?* t'a oublié ?

[26] *moo* est la contraction de *mu* (pronom sujet 3p.sg. avec *a* (modalisateur).

Place des pronoms

Le pronom sujet

Comme l'indique le tableau ci-dessous, la place du pronom sujet dépend de la modalisation de la proposition. Dans tous les cas, le pronom sujet vient toujours après la marque de modalisation et est attaché à celle-ci.

ma +... ***nga*** +... ***mu*** +... ***nu*** +... ***ngeen*** +... ***ñu*** +...	*da*+***ma*** +... *da* + ***nga*** +... *dafa* + ~~mu~~ +... *da* + ***nu*** +... *da* + ***ngeen*** +... *da* + ***ñu*** +...	*dina* + ~~ma~~ +... *di*~~na~~ + ***nga*** +... *dina* + ~~mu~~+... *dina* + ***nu*** +... *di*~~na~~ + ***ngeen*** +... *dina* + ***ñu*** +...	*du*+***ma*** +... *d*~~u~~ + ***oo*** +... *du* + ~~mu~~ +... *du* + ***nu*** +... *du* + ***ngeen*** +... *du* + ***ñu*** +...
ma + a +... ***ya*** + a +... ***mu*** + a +... ***nu*** + a +... ***yeen*** + a +... ***ñu*** + a +...	V + na + ~~ma~~ +... V + ~~na~~ + ***nga*** +... V + na + ~~mu~~ +... V + na + ***nu*** +... V + ~~na~~ + ***ngeen*** +... V + na + ***ñu*** +...	V + nég. + ***ma*** +... V + nég. + ***oo*** +... V + nég. + ~~mu~~ +... V + nég. + ***nu*** +... V + nég. + ***leen*** +... V + nég. + ***ñu*** +...	C + la + ~~ma~~ +... C + ~~la~~ + ***nga*** +... C + la + ~~mu~~ +... C + la + ***nu*** +... C + ~~la~~ + ***ngeen*** +... C + la + ***ñu*** +...
na + ~~ma~~ +... *na* + ***nga*** +... *na* + ~~mu~~ +... *na* + ***nu*** +... *na* + ***ngeen*** +... *na* + ***ñu*** +...	*bu* + ***ma*** +... *bu* + ***l*** +... *bu* + ***mu*** +... *bu* + ***nu*** +... *bu* + ***leen*** +... *bu* + ***ñu*** +...	V + ***l*** ~ ***leen*** +... Aux.v. + ***l*** ~ ***leen*** +...	*su* + ***ma*** +... *s*~~u~~ + ***oo*** +... *su* + ~~mu~~+... *su* + ***nu*** +... *su* + ***ngeen*** +... *su* + ***ñu*** +...

Les pronoms compléments

Les pronoms compléments, quant à eux, viennent toujours après le pronom sujet, quelle que soit la modalisation et la valeur aspectuelle de la proposition.

On peut distinguer deux règles :

1- les pronoms restent ensemble **sauf** s'il s'agit de la modalisation non marquée (ou minimale) lorsqu'elle a une valeur d'aspect accompli.

ma + pn.cpt	*da*+***ma*** + pn.cpt	*dina* + ~~***ma***~~ + pn.cpt	*du*+***ma*** + pn.cpt
nga + pn.cpt	*da* + ***nga*** + pn.cpt	*di*~~*na*~~ + ***nga*** + pn.cpt	*d*~~*u*~~ + ***oo*** + pn.cpt
mu + pn.cpt	*dafa* + ~~***mu***~~ + pn.cpt	*dina* + ~~***mu***~~+ pn.cpt	*du* + ~~***mu***~~ + pn.cpt
nu + pn.cpt	*da* + ***nu*** + pn.cpt	*dina* + ***nu*** + pn.cpt	*du* + ***nu*** + pn.cpt
ngeen + pn.cpt	*da* + ***ngeen*** + pn.cpt	*di*~~*na*~~ + ***ngeen*** + pn.cpt	*du* + ***ngeen*** + pn.cpt
ñu + pn.cpt	*da* + ***ñu*** + pn.cpt	*dina* + ***ñu*** + pn.cpt	*du* + ***ñu*** + pn.cpt
ma + a + pn.cpt	V + na + ~~***ma***~~ + pn.cpt	V + nég. + ***ma*** + pn.cpt	C + la + ~~***ma***~~ + pn.cpt
ya + a + pn.cpt	V + ~~na~~ + ***nga*** + pn.cpt	V + nég. + ***oo*** + pn.cpt	C + ~~la~~ + ***nga*** + pn.cpt
mu + a + pn.cpt	V + na + ~~***mu***~~ + pn.cpt	V + nég. + ~~***mu***~~ + pn.cpt	C + la + ~~***mu***~~ + pn.cpt
nu + a + pn.cpt	V + na + ***nu*** + pn.cpt	V + nég. + ***nu*** + pn.cpt	C + la + ***nu*** + pn.cpt
yeen + a + pn.cpt	V + ~~na~~ + ***ngeen*** + pn.cpt	V + nég. + ***leen*** + pn.cpt	C + ~~la~~ + ***ngeen*** + pn.cpt
ñu + a + pn.cpt	V + na + ***ñu*** + pn.cpt	V + nég. + ***ñu*** + pn.cpt	C + la + ***ñu*** + pn.cpt
na + ~~***ma***~~ + pn.cpt	*bu* + ***ma*** + pn.cpt	V + ***l*** ~ ***leen*** + pn.cpt	*su* + ***ma*** + pn.cpt
na + ***nga*** + pn.cpt	*bu* + ***l*** + pn.cpt	Aux.v. + ***l*** ~ ***leen*** + pn.cpt	*s*~~*u*~~ + ***oo*** + pn.cpt
na + ~~***mu***~~ + pn.cpt	*bu* + ***mu*** + pn.cpt		*su* + ~~***mu***~~+ pn.cpt
na + ***nu*** + pn.cpt	*bu* + ***nu*** + pn.cpt		*su* + ***nu*** + pn.cpt
na + ***ngeen*** + pn.cpt	*bu* + ***leen*** + pn.cpt		*su* + ***ngeen*** + pn.cpt
na + ***ñu*** + pn.cpt	*bu* + ***ñu*** + pn.cpt		*su* + ***ñu*** + pn.cpt

2- les pronoms compléments sont séparés du pronom sujet par le verbe dans une proposition à modalisation minimale ayant une valeur d'aspect accompli

ma + Verbe à l'accompli+ pn.cpt
nga + Verbe à l'accompli + pn.cpt
mu + Verbe à l'accompli + pn.cpt
nu + Verbe à l'accompli + pn.cpt
ngeen + Verbe à l'accompli + pn.cpt
ñu + Verbe à l'accompli + pn.cpt

Résumé

En général, le pronom sujet se soude au marqueur de modalisation et, il est immédiatement suivi des autres pronoms le cas échéant :

Da-ma	*raxas*	*paaka*	*bi.*
Mod.-Je	laver	couteau	le

J'ai lavé le couteau

*Da-**ma***	***ko*** *raxas*
Mod.-je	le laver

Je l'ai lavé

*Da-**ma***	***la***	***ko***	***fa***	*bëgg-a*	*yóbbu-l*
Mod.-Je	te	le	y	vouloir-Auxil.	emmener-Bénéf.

Je veux te l'y emmener

Exception

Le verbe s'intercalle entre le pronom sujet et les pronoms compléments si le verbe est à l'aspect accompli dans la modalisation minimale :

Da-ma	*bëgg*	***nga***	*dëglu*	***ko***
Mod.-je	veux	tu	écoutes	le

Je veux que tu l'écoutes

opposé à :

Da-ma	*bëgg*	***nga***	***ko***-*y*	*dëglu*
Mod.-je	veux	tu	le-Inac.	écoutes

Je veux que tu l'écoutes (valeur fréquentative)

Cependant, même si le verbe est à l'aspect accompli dans la modalisation minimale, les pronoms restent ensemble si la proposition est une complétive introduite par un substitut pronominal *li, lii, fi, fii, bi,bii, lépp*, etc :

Exemple :

Li	***ma***	***la***	***ko***	***fa***	*yóbbu-l*	*moo*	*la*	*ko*	*yombal-al*
ce	je	te	le	y	emmener-Bénéf.	il- M.R.S	te	le	faciliter-Bénéf.

(c'est le fait) que je te l'y ai emmené qui l'a rendu facile pour toi

Place de l'article

L'article simple indéfini

Il se place toujours immédiatement avant le nom{xe "nom"}.

***ab** téere*	un livre
***ay** téere*	des livres
***aw** fas*	un cheval
***ay** fas*	des chevaux

L'article simple défini

L'article simple défini se place après le substantif déterminé.

Exemple :

*téere **bi***	le livre
*téere **yi***	les livres
*fas **wi***	le cheval
*fas **yi***	les chevaux

L'article démonstratif

L'article démonstratif se place avant ou après le substantif déterminé.

Exemple :

*téere **bii***	***bii** téere*	ce livre-ci
*téere **yale***	***yale** téere*	ces livres-là
*fas **woowu***	***woowu** fas*	ce cheval (près de toi)
*fas **wale***	***wale*** fas	ce cheval-là

Le fait de placer l'article démonstratif avant le nom qu'il détermine semble lui apporter une valeur d'insistance.

L'article relatif

Il introduit un syntagme qui sert de déterminant et se place immédiatement après le nom qui doit être déterminé.

Exemple :		
	*aw fas **wu** mëna daw*	un cheval qui court bien
	*ay fas **yu** gaaw*	des chevaux (qui sont) rapides
	*téere **bi** nekk ci kow*	le livre qui est dessus
	*téere **yi** mu jénd*	les livres qu'il a achetés

L'article quantitatif

L'article quantitatif peut se placer avant ou après le nom qu'il sert à déterminer.

Exemple :

*Dëkk **bépp** dikk na* toute la ville est venue.
***bépp** doomu-aadama* tout être humain

L'article interrogatif

Il se place avant ou après le déterminé.

Exemple :

***Ban** xale nga wax*
*xale **ban** nga wax* quel enfant as-tu dit ?

***Wan** fas a di wosam*
*fas **wan** a di wosam* quel cheval est le sien ?

L'article génitival

En général, il se place avant le nom qu'il détermine. Placé après le nom qu'il détermine, il ajoute une note affective.

Exemple :

***sama** nenne* mon bébé
*nenne **sama*** mon bébé chéri

***sama** soppe* mon chéri
*soppe **sama*** mon amour chéri, mon bien aimé

Place des numéraux

À l'exception du numéral ordinal *jëkk* qui se place après le syntagme nom-article relatif, ils se placent tous devant le nom qu'ils accompagnent.

Exemple :

ñaari *xale*	deux enfants
ñetteelu *kër gi*	la troisième maison
kër gu ***jëkk*** *gi*	la première maison

Place des marques de modalité du verbe

Aspect, négation, temps, itération et accomplissement.

Place de la marque aspectuelle

La marque aspectuelle de l'inaccompli est l'auxiliaire verbal ***y*** et ses variantes ***di*** et ***a***[27].

y se place toujours après tous les pronoms. ***di***, dans une proposition à modalisation minimale, peut se placer entre le pronom sujet et les autres pronoms ou après tous les pronoms.

Exemple :

Dañu bëgg ngeen leen ko fay yóbbul
Mod.-ils vouloir vous leur le là-Inacc. apporter
Dañu bëgg ngeen ***di*** *leen ko fa yóbbul*
Mod.-ils vouloir vous Inacc. leur le là apporter
Ils veulent que vous le leur apportiez là-bas (fréquentatif).

Dañu ne ma ***di*** *leen xaar*
Mod.-ils dire je Inacc. les attendre
Dañu ne ma leen ***di*** *xaar*
Mod.-ils dire je les Inacc. Attendre
Ils ont dit que je les attende (fréquentatif).

Dañu bëgg nga leen ***di*** *wéttali*
Dañu bëgg nga ***di*** *leen wéttali*
Ils veulent que tu leur tiennes compagnie (fréquentatif).

---

[27] Ex : *Lu muy tëbb ak a dal nii ?* = (il saute et se pose) Qu'est-ce qu'il a à trépigner ainsi ?

Bëgg nga di leen wéttali[28]
* *bëgg nga leen* ***di*** *wéttali*[29]
Veux-tu leur tenir compagnie (fréquentatif) ?

Bu mu leen di xaar (incitatif négatif + habitude)
* *bu mu di leen xaar*
qu'il ne les attende pas.

Dama leen di xaar (Explicatif)
**dama di leen xaar*
je les attends.

Nag lanu leen di rendil (mise en relief du complément)
**nag lanu di leen rendil*
nous leur égorgerons un bœuf.
Maa leen di gunge (mise en relief du sujet)
**maa di leen gunge*
c'est moi qui les accompagnerai.

Place de la marque de la négation

La marque *-ul* de la négation qui a une variante en *-ut* est suffixée à la première forme verbale de la proposition. Cependant, il y a deux cas d'exceptions :

- en présence du suffixe *-ag* d'accomplissement, celui-ci passe avant la marque *-ul*.
- en présence du suffixe *-aat* de l'itératif, on peut indifféremment placer *-ul* ou *-aat* l'un avant l'autre.

Exemple :

Dama lekkul
c'est que je n'ai pas mangé.
Astu laa gisul
c'est Astou que je n'ai pas vue.
Musaa laa mënula gis
c'est Moussa que je ne peux pas voir.

---

[28] Ici, la place de *di* est fixe et ne serait optionnelle que si on reconstituait la proposition complétive en introduisant le sujet de *wéttali* « *bëgg nga nga leen di wéttali ?* »
[29] Un astérisque, seul, signifie ici que l'énoncé est irrecevable.

Lekkagul
il n'a pas encore mangé.
Demaatul
Il n'est pas allé à nouveau.
Demulaat
Il n'est pas allé à nouveau.

Place de la marque du passé

La marque *-oon* du passé s'attache au verbe et éventuellement après toutes les particules verbales à l'exception de la marque verbale *-a*. Mais dans les propositions avec l'emploi du modalisateur ***na*** de la mise en relief du verbe, quand la proposition est à la forme négative, la marque du passé *-oon* se place après les pronons.

Exemple :

Dangeen di nelaw
vous dormez.
Dangeen doon nelaw
vous dormiez.
Dangeen duloon nelaw
vous ne dormiez pas.
Dangeen dootuloon nelaw
vous ne dormiez plus.
Dangeen bëgga nelaw
vous voulez dormir.
*Dangeen bëgg**oona** nelaw*
vous vouliez dormir.

Nelawuma woon
je n'avais pas dormi.
Gisuma ko woon
je ne l'avais pas vu.

Place de la marque de l'itératif

Les marques grammaticales de l'itératif sont : *-aat, -at, -ati.*
-aat et *-at* se suffixent au verbe principal, avant ou après la marque de négation. Cependant avec *-at,* quand il y a occurrence du syntagme *du*, il se soude à lui. *-ati*, quant à lui, se place après tous les suffixes.

Place de la marque de l'accomplissement

La marque de l'accomplissement *-ag-* n'apparaît que dans les syntagmes *-agul* et *-agum*[30].

Le syntagme *-agul* se place avant ou après le suffixe itératif.

Exemple :

*lekk**agulaatoon*[31] Il n'avait pas encore remangé
*lekk**aataguloon* Il n'avait pas encore remangé

Résumé de la syntaxe des modalités du verbe

Les modalités du verbe se placent dans l'ordre suivant :

verbe + ** + itératif + négation + temps
lekk + ** + *aat* + *ul* + *oon*
Lekkaatuloon
il n'avait pas remangé.

verbe + ** + accomplissement + négation + itératif + temps
lekk + ** + *ag* + *ul* + *aat* + *oon*
Lekkagulaatoon
il n'avait pas encore remangé.

verbe + ** + itératif + accomplissement + négation + temps
lekk +** + *aat* + *ag* + *ul* + *oon*
Lekkaataguloon
il n'avait pas encore remangé.

---

[30] Voir le paragraphe sur la modalité de l'accomplissement.
[31] ** est mis pour tout suffixe autre que : itératif, accomplissement, négation, et temps.

LA PHRASE

Les types de phrases

La phrase peut être simple, composée, complexe, ou composée complexe. Par ailleurs, elle peut être déclarative, interrogative, impérative ou exclamative.

La phrase simple

Elle est constituée d'une seule proposition.
Exemple :

Dafay nelaw.
Expl.3p.sg.-Inacc. dormir
Il dort.
Xale yaa ngiy fo ci ëtt bi.
enfant les-part.Mod. part.Mod.-Inacc. jouer dans cour la
Les enfants jouent dans la cour.
Dinaa dem Màkka déwén.
Futur.-je aller Mecque anprochain
J'irai à la Mecque l'an prochain.
Ndax Omar dina ñów ?
est-ce-que Omar Futur.-3p.sg. venir
Est-ce qu'Omar viendra ?

La phrase composée

Elle est constituée de propositions coordonnées ou juxtaposées.
Exemple :

Taaruwul wànte am na fulla.
Taaru-w-ul wànte am na fulla.
beau-Epenth.-Nég.3p.sg. mais avoir Mod.3p.sg. personnalité
Elle n'est pas belle mais elle a de la personnalité.

Goruloo, yettuloo, xey-a-xey bëgg moom sa bopp.
Gor-ul-oo, yett-ul-oo, xey-a-xey bëgg moom sa bopp.
couper-Nég.-tu, tailler-Nég.-tu, un-bon-matin vouloir posséder ta tête

Tu ne coupes ni ne tailles et un bon matin tu veux être indépendant.

Jiwuñu, góobuñu te ndaxam ñu ngiy lekk, di naan.
Ji-w-u-ñu, góob-u-ñu te ndaxam ñu ngi-y lekk, di naan.
semer-Epenth.-Nég.-ils, moissonner-Nég.-ils et pourtant ils Mod.-Inacc. manger, Inacc. boire
Ils ne sèment ni ne moissonnent et pourtant ils mangent et boivent.

La phrase complexe

La phrase complexe comprend au moins deux propositions dont l'une se comporte comme une extension, ou en d'autres termes, comme un constituant de l'autre.

Exemple :

Bëgg naa xale yi ñibbisi bala timis.
Bëgg na-a xale yi ñibbi-si bala timis.
vouloir Mod.-je enfant les rentrer-Direc. avant crépuscule
Je veux que les enfants soient rentrés avant le crépuscule.

Fas wu weex wi lanuy takk.
Fas wu weex wi la-nu-y takk.
cheval Art.rel. blanc le Mod.-nous-Inacc. atteler
C'est le cheval blanc que nous attellerons.

La proposition *xale yi ñibbisi bala timis* est un constituant de la proposition *Bëgg naa* par le fait qu'elle fonctionne comme complément du verbe *bëgg*. De même, la proposition *wu weex* est un constituant de la proposition *fas wi lanuy takk* par le fait qu'elle est complément déterminatif du syntagme nominal *fas*.

La phrase composée complexe

Elle combine la phrase composée et la phrase complexe. Elle comprend au moins une proposition principale, une subordonnée et une liée.

Exemple :

Bëgg naa jénd sa xar mi nga doon jaay wànte amuma xaalis.

Bëgg na-a jénd sa xar mi [nga d-oon jaay] [wànte am-u-ma xaalis].

vouloir Mod.-je acheter ton mouton le [tu Inacc.-Pass. Vendre] [mais avoir-Nég.-je argent]

Je veux acheter ton mouton [que tu vendais] [mais je n'ai pas d'argent].

Fas wu weex wi lanuy takk ndax moo gëna gaaw.

Fas wu weex wi la-nu-y takk ndax m-oo gën-a gaaw.

cheval art.rel. blanc le Mod.-nous-Inacc. atteler car il-Mod. plus-Marq.v. rapide

Nous attellerons le cheval [(qui est)blanc] [car il est plus rapide].

La phrase déclarative

Une phrase déclarative est une phrase dans laquelle on fait une assertion. Elle s'oppose ainsi à une phrase interrogative ou à une phrase impérative. En Wolof, ce sont toutes les phrases non marquées par *ndax, xanaa, mbaa* (est-ce que) ou n'ayant pas une mélodie en syncope[32].

La phrase interrogative

Une phrase interrogative est une phrase dans laquelle on formule une question. Elle est marquée par *ndax*, *xanaa*, *mbaa* (est-ce que) ou par une mélodie descendante qui tombe sur la dernière syllabe du dernier mot.

La phrase impérative

Une phrase impérative est une phrase dans laquelle on donne un ordre. Elle n'emploie pas de marque de modalisation mais se signale par sa structure :

Verbe-Marque de l'impératif-pers.

Lekkal

Lekk-al

Manger-Imp.2p.sg.

Mange.

[32] Voir page 47 Mélodie de la phrase interrogative.

Lekkleen
Lekk-l-een
Manger-Imp.-2p.pl.
Mangez.

La phrase exclamative

Une phrase exclamative est une phrase dans laquelle on fait une exclamation. Certains adverbes tels que *ndaw, aka, ey*, etc. servent à marquer une phrase exclamative.

Exemple :

Yaay bóoy ñów na !
Maman chérie venir Mod.3p.sg.
Maman chérie est arrivée !
Atmi naa !
être admis Mod.-je
Je suis admis !

Aka rafet !
comme être-joli
Comme c'est joli !

Ndaw ku gaaw !
qu'est-ce que Subst.Pn. être-rapide
Qu'est-ce qu'il est rapide !

Ey maa kontaan keroog !
Intj. Je-Mod. être-content cejourlà
Oh, comme j'étais content ce jour-là !

La voix active et la voix passive ou moyenne

En wolof, il y a deux formes de construction passive : la première est non marquée et se caractérise par une ambiguïté morphosyntaxique, la seconde est marquée par le morphème *-u*.

Une forme non marquée

Les énoncés wolof (a) et (b) ci-dessous sont respectivement en français à la voix active et à la voix passive (construction pronominale).

(a) *Abdu du jaay*
Abdou ne vend pas
(b) *bët du jaay*
l'œil ne se vend pas

Comment perçoit-on des effets de sens différents pour ces énoncés, alors qu'ils sont syntaxiquement identiques ?

Au niveau syntaxique, dans la paire (a-b) *Abdu* et *bët* sont en relation paradigmatique, et remplissent la fonction sujet. Aucun critère morphosyntaxique ne permet de dire que *bët* n'est pas, comme *Abdu*, agent de l'action *du jaay*. Le sujet d'un verbe n'est pas nécessairement l'agent de l'action. Mais de quoi dispose le natif pour savoir que dans des cas pareils, tel sujet est ou non agent simultanément ?

On pourrait dire que l'énoncé (b) est agrammatical en raison de règles de contraintes sémantico-syntaxiques. L'agrammaticalité de cet énoncé serait due au fait que le léxème *jaay* a les traits :

« + transitif »
« + verbe »
« + SN humain »

tandis que le léxème *bët* a le trait

« + SN inanimé »

bët ayant le trait « + inanimé » ne peut pas être sujet de *du jaay* qui lui, a le trait « + SN humain ».

À ce niveau de perception superficielle, il y a la donnée immédiate, l'énoncé

(b) *bët du jaay* l'œil ne se vend pas.

Le privilège du natif, c'est son intuition. Le contexte de l'énoncé l'aide à interpréter correctement les relations de prédication même devant cet énoncé où il n'a pas de repères morphosyntaxiques.

Or donc, c'est en interrogeant les relations de prédication que nous allons saisir ce qui se passe, et voir qu'il n'y a pas solution de continuité entre le fond et la forme dans l'énoncé (b).

Tout d'abord, il y a un contenu de pensée, ou lexis, qu'on peut définir comme étant un ensemble à trois places majeures. Théoriquement chacune de ces places est occupée par une notion. Ces notions sont : une notion prédicative et deux notions d'actants. Au moment de la conceptualisation, voilà donc ce qu'on a. Nous allons concrétiser ceci avec l'énoncé (b). Au moment de conceptualiser (b), notre pensée est composée de trois places instanciées par une notion d'actant *bët* (œil), une notion prédicative *du jaay* (ne se vend pas), et théoriquement, une autre notion d'actant dont la place est vide ici.

À ce moment, on sait intuitivement qu'à l'une des places instanciées par les notions d'actants se trouve le « faiseur » et à l'autre le « patient ». Le « faiseur » instancie la place 0 et le « patient »instancie la place 1. « faiseur » et « patient » sont dénommés ailleurs *source* et *but* respectivement.

Concernant (b), le locuteur wolof sait que parmi les actants l'un est non dit, l'autre est dit : *bët*. La connaissance que ce locuteur a du contexte l'habilite à dire en l'occurrence que l'actant *bët* est celui qui permet l'action *du jaay*. Par conséquent, l'actant qui fait l'action *du jaay* est le non dit. Nous schématiserons ceci ainsi :

(——, *du jaay*, *bët*)

Étant donné que, pour l'essentiel, toutes les schématisations d'énoncés simples présentent le même ordre (source, pédicat, but), seule la situation contextuelle permet de valider la perception qu'on doit avoir d'un énoncé. Celui qui n'y accède pas s'en remet à la forme et en déduit que l'énoncé (b) est à la voix active comme l'énoncé (a).

Du point de vue de la donnée immédiate, c'est-à-dire sur le plan simplement morphosyntaxique, les schémas de lexis de *Abdu du jaay* et *bët du jaay* sont indentiques. Mais il ne faut pas les confondre.

Pour l'énoncé (a) : *Abdu du ja*ay (Abdou ne vend pas), on n'a pas tous les termes requis. Sachant que le terme absent instancierait la place vide, nous schématiserons l'énoncé (a) comme suit :

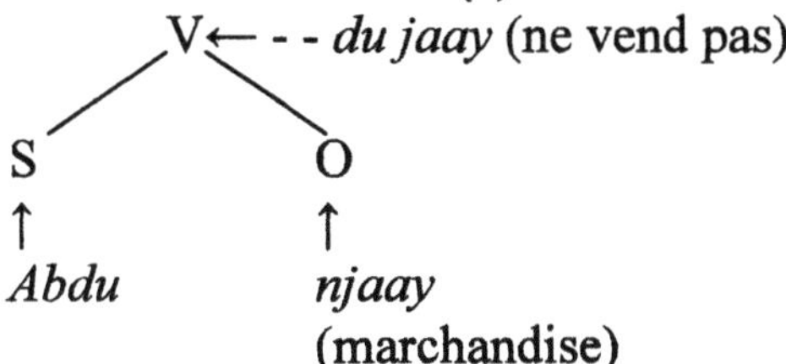

Intuitivement, on fait intervenir ici des règles hypersyntaxiques. C'est-à-dire que le sémème de *jaay* (vendre) lui présuppose un objet d'application. L'évocation du sémème de *jaay* est une opération qui a pour effet de remplir la place vide de la lexis de *Abdu du jaay* en faisant surgir l'actant virtuel en corrélation avec *jaay*.

Mais si tout va sans heurt pour l'interprétation de l'énoncé *Abdu du jaay*, il n'en va pas de même avec l'énoncé *bët du jaay* pour celui dont le Wolof n'est pas langue.

La difficulté tient au fait que la morphosyntaxe de l'énoncé ne lui offre que la représentation suivante :

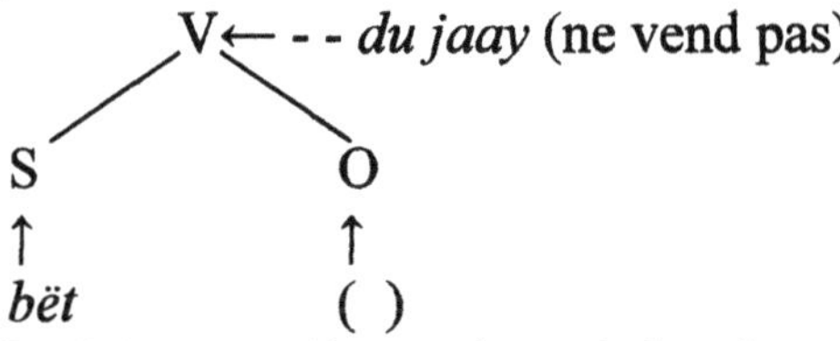

La difficulté à appliquer les règles hypersyntaxiques est que l'actant corrélatif à *jaay* (vendre), censé instancier la place vide, est, contre toute attente, celui qui instancie la place du sujet. Car en Wolof, c'est la présence du suffixe de récurrence -u qui indique que l'actant qui instancie la place de l'argument sujet est sémantiquement objet du verbe. Or ici, il n'y a pas ce suffixe de récurrence.

Soit l'énoncé : (c) *Abdu du sangu*

Abdou ne se baigne pas

Une schématisation de la donnée morphosyntaxique donnerait

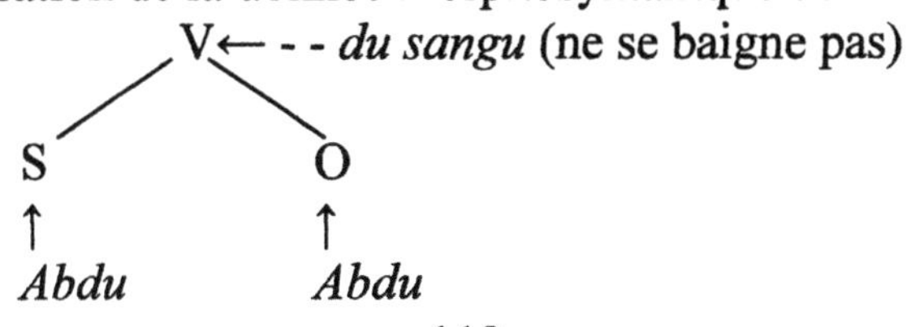

Donc, dans le cas de l'énoncé *bët du jaay*, la morphosyntaxe ne donne pas le moyen de savoir que *bët* (œil) est sémantiquement l'objet du verbe *du jaay* (ne vend pas). Seul, le recours à la relation prédicative permettra de remonter au sens.

« La relation prédicative est un réagencement de la lexis qui permet de définir deux ensembles : d'une part le terme autour duquel s'organise l'énoncé, ce terme est dit terme de départ, ou encore terme thématisé. D'autre part, les deux termes restant »[33].

Il faut donc partir de la composition de lexis

(—— : *jaay* « négation » ; *bët*)

et fixer le terme autour duquel s'organise l'énoncé, le terme de départ, ou terme thématisé.

On doit découvrir que ce dont on parle ici est *bët* ; que c'est à propos de *bët* qu'on fait un commentaire. Représentons-le comme suit :

on parle de : *bët*

on en dit : [source], *du jaay*, [but] lexis

ou encore comme suit :

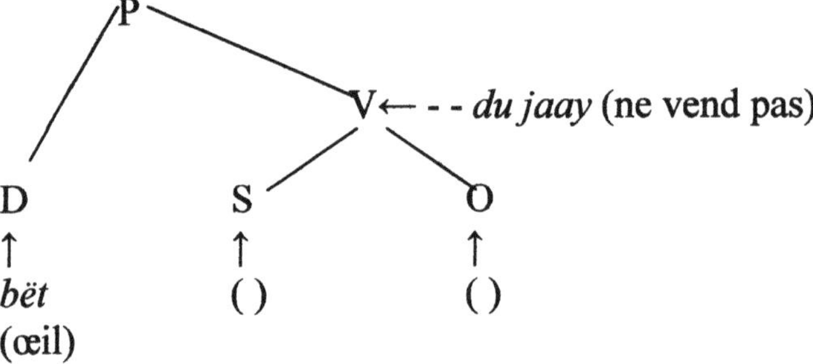

Ceci, nous le savons grâce à nos connaissances empiriques.

(D = terme de départ ; P = pensée).

Les règles hypersyntaxiques permettent à ce moment de gloser

S = *kenn* (personne)

et de schématiser maintenant ainsi :

[33] Énonciation et Référence, L. Danon-Boileau

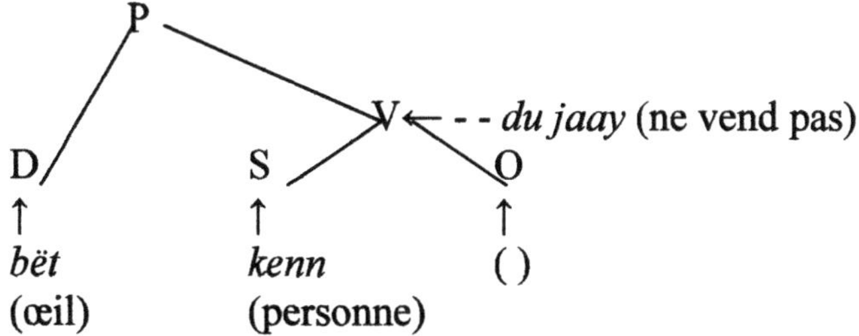

Puis on aboutit à une interprétation complète :

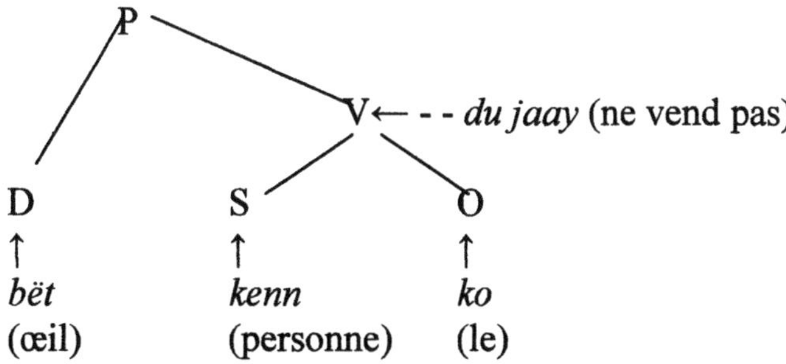

où *ko* a pour repère le terme thématisé *bët.*

En fait, tout énoncé wolof peut entrer dans cette représentation. Si nous reprenons l'énoncé (c) on peut schématiser :

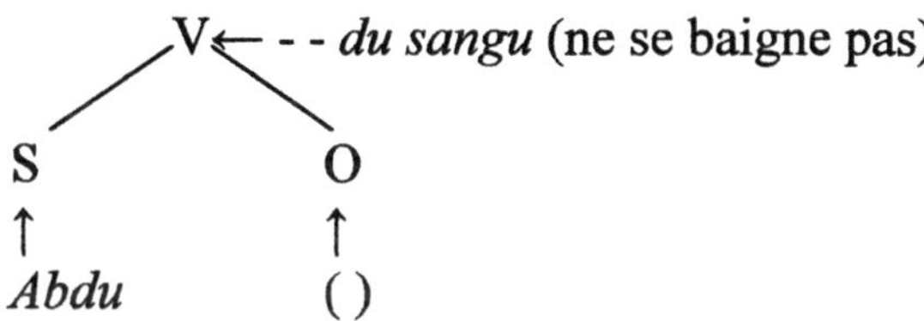

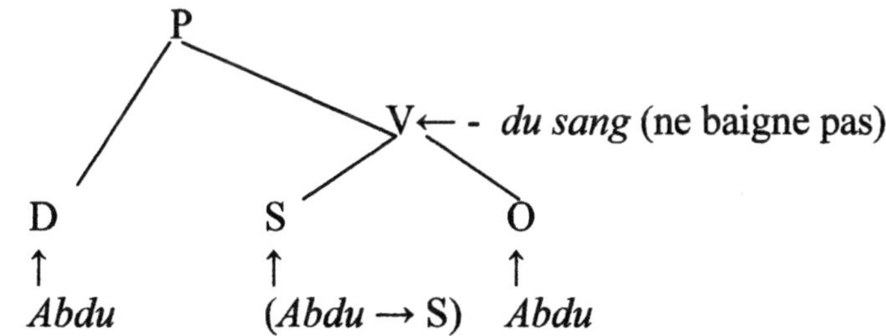

Mais à la différence de la représentation de (c), celle de (b) montre que le terme thématisé n'est pas le repère de S. Ajoutons que dans (c) le suffixe *-u* de *sangu* est le signe que le terme thématisé est le repère de S, et que S a le rôle sémantique d'objet.

Pour expliquer la morphosyntaxe de l'énoncé (b), il faut conclure à un effacement des arguments syntaxiques (S et O). Ceci en effet aboutit à :

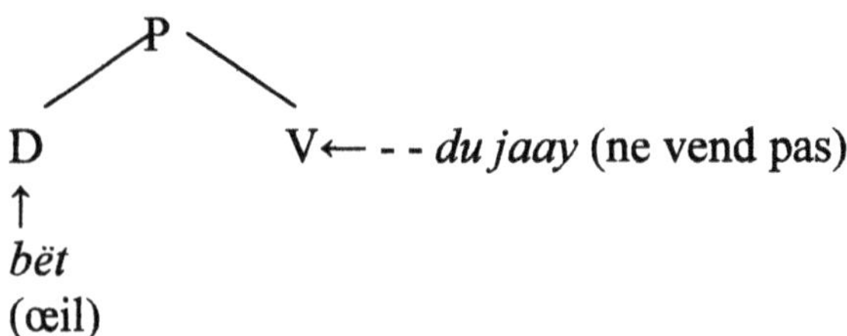

Mais si la présence du suffixe de récurrence *-u* est signe que le terme thématisé est le repère de S, son absence ne signifie pas que le terme thématisé est nécessairement distinct de S.
Ceci ont peut le voir avec les énoncés (d) et (d.a)

(d) doom bu góor du jaay
enfant mâle ne se vend pas
(e) nit du jaay
l'être humain ne se vend pas

Si on schématise l'énoncé (d) comme on l'a fait avec (b) on obtient une distinction dans (d.1) et une coréférence dans (d.2)

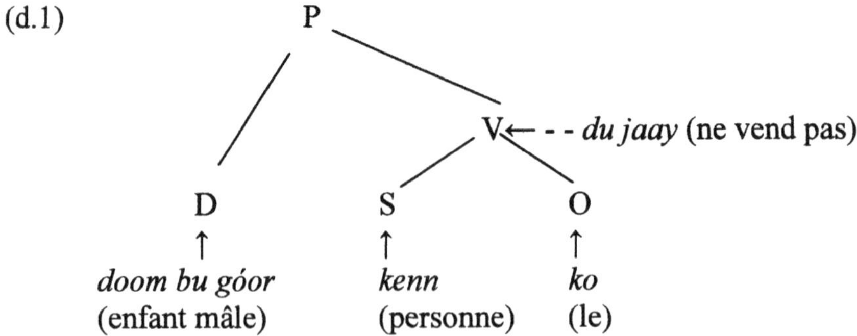

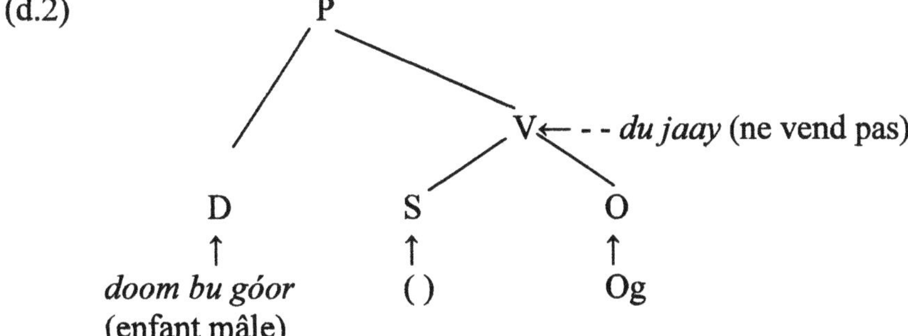

Ici on peut gloser Og = *njaay* (marchandise).

Dans (d.1), le terme thématisé est distinct de S. Il est alors le repère de l'objet *ko* (le), tandis que dans (d.2) le terme thématisé spécifie S et en est le repère.

La preuve que le suffixe *-u* valide le terme qui instancie S comme étant sémantiquement objet est qu'on ne peut pas avoir en cooccurrence -*u* et objet dans une distribution syntagmatique.

Exemple :

(d.3) *Abdu du raxasu.*
Abdou ne se lave pas

(d.4)* *Abdu du raxasu loxoom*
Abdou ne se lave pas ses mains

(d.5) *Abdu du raxas loxom.*
Abdou ne lave pas ses mains

Une forme marquée polyvalente

Il est intéressant de noter qu'on[34] a distingué deux catégories de -*u* : -*u²* et -*u³*, respectivement transitivant et réfléchi-statif.

> « u² est relevé avec quelques thèmes intransitifs, qui sont des verbes de mouvement de la classe 1B » (classe 1B = verbes d'action intransitifs).

À propos de -u³ :

« ce suffixe s'ajoute à des verbes de la classe 1A pour former les thèmes de la classe 1B. Dans ce cas le sens réfléchi domine » (classe 1A = verbes d'action transitifs).

Exemple pour le cas de -u² :[35]

---

[34] E. Church

Dëddu na àddina.
Il a tourné le dos au monde.

Yàlla feeñu na Ibraayma.
Dieu est apparu à Abraham.

Weesu naa ko ci sama woto.
Je l'ai dépassé (dans) ma voiture.

On pourrait penser que *-u* dans *dëddu, feeñu* et *weesu* est pour la construction des arguments *àddina, Ibraayma* et *ko*. Or on pourrait avoir les énoncés suivants où les mêmes verbes ont les mêmes valeurs sémantiques :

Dëddu na.
Il s'est retiré ; il s'est éloigné ; il a tourné le dos

Yàlla feeñu na.
Dieu s'est manifesté.

Weesu naa.
Je me suis mis au delà du repère ; j'ai dépassé.

Ceci montre que *-u* n'a pas pour fonction syntaxique de valider *àddina*, *Ibraayma* et *ko*, qui se sont pas indispensables à la structure des verbes *dëddu*, *feeñu et weesu. Àddina*, *Ibrahima* et *ko* sont des circonstants et non des objets. « Le circonstant s'oppose aux actants, qui désignent ceux qui, d'une manière ou d'une autre, participent au procès[36] ».

Dans les énoncés

Dëddu na àddina.
Il a tourné le dos au monde.

Yàlla feeñu na Ibraayma.
Dieu est apparu à Abraham.

Weesu naa ko ci sama woto.
Je l'ai dépassé (dans) ma voiture.

---

[35] E. Church
[36] L. Tesnière

sur le plan syntaxique, il n'y a pas d'objet mais des compléments adverbiaux. Le suffixe *-u* indique seulement que les sujets dans ces trois énoncés sont sémantiquement objets. « La présence du monème passif-réfléchi a pour conséquence d'interdire toute expansion de type objectal au syntagme prédicatif (intransitif)[37] ».

On peut gloser *dëddu, feeñu et weesu* comme suit :

dëddu = s'éloigner ; porter soi-même loin (par rapport à)
feeñu = se montrer ; manifester son existence (devant qqn)
weesu = aller jusqu'au delà de qqch.

Donc *-u²* et *-u³* ne sont que le seul et même *-u* suffixe de récurrence pour deux constructions différentes en structure profonde.

La construction réfléchie

« On qualifie de réfléchie toute construction dans laquelle le syntagme nominal sujet et le syntagme nominal objet se réfèrent à la même personne ou à la même chose [...]. La construction réfléchie est implicite quand le verbe n'est pas accompagné de pronom réfléchi ; ainsi en anglais, Peter shaves (Pierre se rase) est une construction réfléchie implicite, le verbe to shave étant par ailleurs transitif.

Enfin, l'opposition entre construction transitive et construction réfléchie peut être faite au moyen des flexions verbales [...] »[38].

« Il y a en Wolof des verbes réfléchis, c'est-à-dire qui expriment l'action d'un sujet sur lui-même, comme se baigner, s'éveiller, etc. Ces verbes ne sont pas pronominaux ; mais ils ont un signe qui, étant appliqué aux verbes de mouvement, indique qu'ils sont employés comme réfléchis »[39].

La réflexivité est un fait de syntaxe qui se traduit par le fait que le terme qui instancie la place de l'objet est coréférentiel et identique au terme qui instancie la place du sujet dans une même proposition.

---

37 Sauvageot
38 Larousse
39 Monsieur l'abbé Boilat

Exemple :

(*f*) *Omar dafay wot omar.*
Omar rase Omar

Cependant sur le plan morphosyntaxique un tel énoncé serait agrammatical. Au niveau hypersyntaxique on peut le schématiser ainsi :

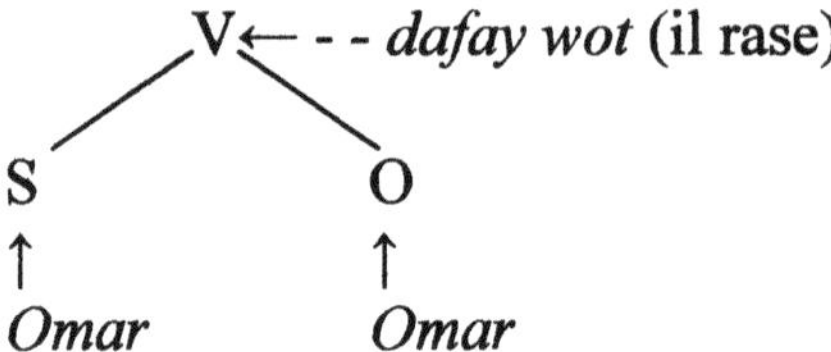

où *Omar* --→ *Omar*

ceci doit produire en morphosyntaxe l'énoncé grammaticalement correct (f.1)

(f.1) *Omar dafay wotu.*
Omar se rase.

Nous avons déjà vu la règle selon laquelle lorsque S- - → O, cela se traduit par la présence du suffixe de récurrence *-u*.

La construction passive

La construction passive est une opération syntaxique par laquelle le terme qui instancie la place objet dans une lexis permute avec le terme qui instancie la place sujet sans altérer la relation prédicative. Le processus peut varier d'une langue à un autre.

Les énoncés (g) et (h) entretiennent des relations de passivisation, qui n'existent pas ente (g) et (i)

(g) Le chat regarde la souris.
(h) La souris est regardée par le chat.
(i) La souris regarde le chat.

(g) et (i) n'entretiennent pas de relation de passivisation essentiellement à cause de l'absence de la préposition « par » devant « le chat » et à cause de l'absence de la séquence « être.....participe passé » qui sont la manifestation syntaxique du passif en français.

Pourtant si nous considérons les énoncés (j) et (k),

(j) L'arbre ploie sous la force du vent.
(k) Enfin, le paquet commença à mouvoir sous la traction d'une puissante machine.

ils ont un effet de sens passif et sont reliés respectivement à (j.1) et (k.1) qui sont des constructions actives.

(j.1) La force du vent ploie l'arbre.
(k.1) La traction d'une puissante machine commença à mouvoir le paquet enfin.

Pourtant comme il n'y a pas occurrence de « être....participe passé » et « par », du point de vue de la définition traditionnelle du passif, (j) et (k) n'en sont pas.

« être...participe passé » et « par » [« be...en » et « by » en anglais] sont seulement des phénomènes de surface dans le passif, qui plus est, n'ont pas toujours leurs équivalents dans les autres langues. Ils impliquent nécessairement un agent au niveau morphosyntaxique. La présence d'un agent toutefois n'est pas un fait propre à toutes les langues. En français du reste il y a le passif elliptique. Ainsi, même si on peut dire qu'en français et en anglais la suppression de l'agent est optionnelle, en wolof, elle est obligatoirement faite dans la plupart des cas.

Considérons les énoncés suivants :

(l) *Abdu sakk na pax mi.*
Abdou a bouché le trou.

(m) *Waa gox bi fal nañu Abdu.*
Les gens du quartier ont élu Abdu.

(l.1) *Pax mi sakku na.*
Le trou est bouché.

(m.1) *Abdu falu na.*
Abdou est élu.

Ces énoncés entretiennent deux à deux des relations d'ergativité. Les termes qui instanciaient la place d'objet dans (l) et (m) instancient la place sujet respectivement dans (l.1) et (m.1) sans altérer les relations prédicatives. Mais parler de relation d'ergativité ne fait référence qu'au plan sémantique. Nous ajouterons donc que (l) et (l.1) ; (m) et (m.1) entretiennent une relation de passivisation pour rester au niveau des phénomènes de surface. En effet, il y a déplacement et suppression de termes de la lexis, mais en plus et surtout, ajout du morphème *-u* au verbe.

Comme identifier construction réfléchie et construction passive ? Reprenons l'énoncé (f.1)

(f.1) *Omar dafay wotu*
Omar se rase

Si on fait intervenir les règles hypersyntaxiques, on peut avoir une double schématisation :

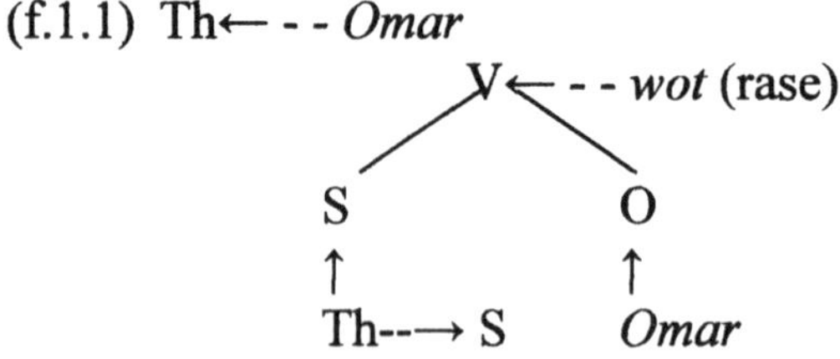

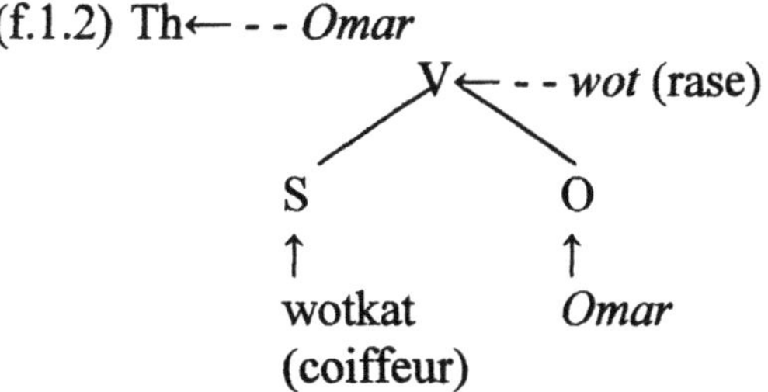

(Th = thème)

(f.1.1) signifie qu'on parle du thème Omar, repère du sujet qui fait l'action *wot* et que le « but » de l'action est Omar.

Ceci peut être glosé en (f.a)

(f.a) *Omar dafay wot boppam.*
Omar rase lui même.

(f.1.2) signifie que le thème *Omar* n'est pas le repère du sujet. Donc S est une tierce personne qui fait l'action *wot* sur l'objet *Omar*.

Ici on ne peut pas appliquer la glose *boppam* (lui-même).

La morphosyntaxe de (f.a) dénote une action réfléchie. L'impossibilité d'appliquer la glose *boppam* dénote un énoncé à valeur passive.

Si la lexis de (f.1) a pour schématisation (f.1.1), le fait qu'on puisse appliquer la glose *boppam* à (f.1.1) indique que (f.1) est une construction réfléchie.

(f.1) correspondrait au type de construction réfléchie implicite en anglais « Peter shaves ».

Par contre si la lexis de (f.1) a pour schématisation (f.1.2) et qu'on ne puisse pas appliquer la même glose *boppam*, alors cela indiquerait que (f.1) est une construction passive..

Dans les exemples rencontrés ici, il s'agit d'une construction passive elliptique.

« On appelle ellipse, ou effacement de l'agent du passif, la transformation qui efface le complément d'agent du verbe passif »[40].

Ainsi du point de vue morphosyntaxique, en wolof, il n'y a pas de différence entre construction passive et construction réfléchie implicite. On peut cependant en cas de besoin discerner l'une de l'autre par ce test du substitut pronominal *boppam*.

---

[40] Larousse

D'un certain point de vue, dans le processus de passivisation en wolof, il y a une permutation incomplète et une validation par *-u* ; tandis que dans le processus de la réflexivisation, il y a effacement (de l'objet) et validation par *-u*.

Le trait commun à la construction du passif et à la construction réfléchie implicite que semble révéler la présence de *-u* est que *-u* valide que S a le rôle sémantique d'objet.

Le complément d'agent

Considérons l'énoncé

(n) *Bu ganaar saxee béjjén.*
Quand poule germer cornes.

La première traduction de *sax* en français est « germer ». Or cette équivalence *sax* = germer pose des problèmes dans l'analyse d'un tel énoncé. *sax* étant un verbe intransitif, on ne s'attend pas à l'expansion *béjjén*. En supprimant *béjjén, bu ganaar saxee* devient un énoncé qu'un locuteur wolof ne concevrait pas pour la simple raison que *ganaar* n'est pas un sujet possible de *sax* dans le contexte de notre expérience de ce monde.

Pourtant il faut traduire

bu ganaar saxee béjjén
1 2 3+............

par :

Quand poule (sens générique) germer (antériorité) corne
1 2 3 ....

Le wolof a la possibilité de rendre transitif *sax*.

Ainsi :

(o) *bu ganaar saxalee béjjén*
(quand la poule fera germer des cornes)

On peut tout à fait admettre de traduire *sax* par « pousser »[41]. Si nous admettons cette traduction, alors nous nous retrouvons devant deux énoncés tout à fait corrects :

(n) bu ganaar saxee béjjén
(o) bu ganaar saxalee béjjén

[41] le Petit Robert : « Rare (XVIe), Faire naître, croître. « Les platanes de la Hall aux vins poussaient leur jeune feuillage » (Duham). —Par analogie. Enfant qui pousse ses premières dents ».

S'agissant de (o), le verbe est actif transitif, compte tenu de l'occurrence du suffixe transitivant *-al*. Quant à (n), comme nous l'avons déjà dit, *ganaar* n'est pas un sujet possible de *sax* sur le plan sémantique. Certes, sur le plan syntaxique, *ganaar* a une fonction de sujet. Pour bien cerner cet énoncé, il faut considérer la relation prédicative existante.

Ici, un terme est thématisé et sert de terme de départ, c'est *ganaar*. Puis le reste constitue le prédicat. On peut schématiser la relation ainsi :

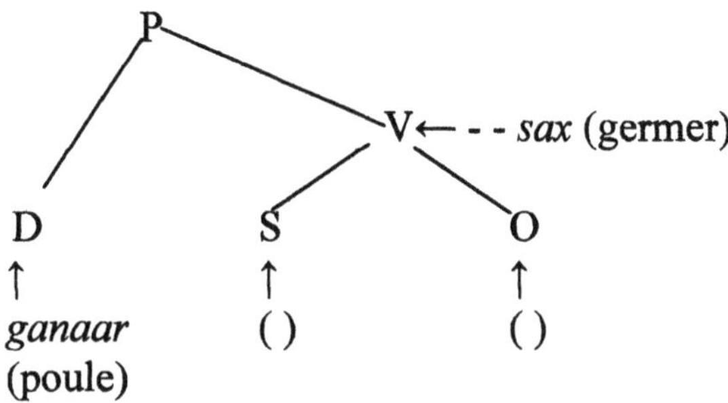

Dans la lexis de *bu ganaar saxee béjjén*, le terme susceptible d'instancier S est *béjjén*. Le terme *ganaar* est employé par synecdoque pour la partie de la poule où pourraient, si jamais, pousser des cornes.

Donc on peut envisager une nouvelle représentation montrant que D renvoie à O.

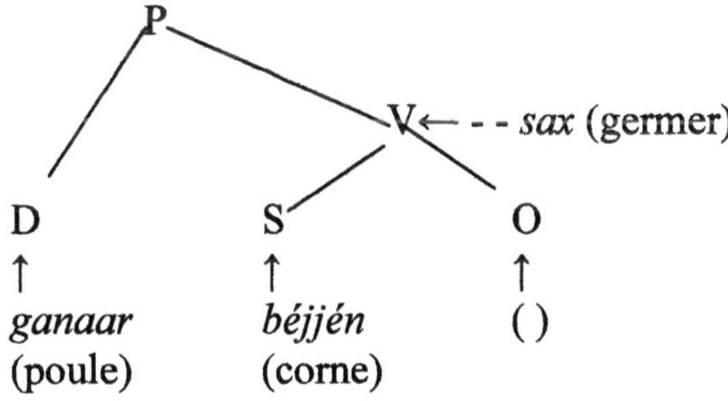

sax étant intransitif, la synecdoque *ganaar* ne spécifie pas un objet. Or s'il ne spécifie pas un objet, il spécifie un circonstant. On peut gloser ce circonstant ci *bopp ganaar* (sur tête de poule) ; ce qui permet de donner une schématisation plus complète.

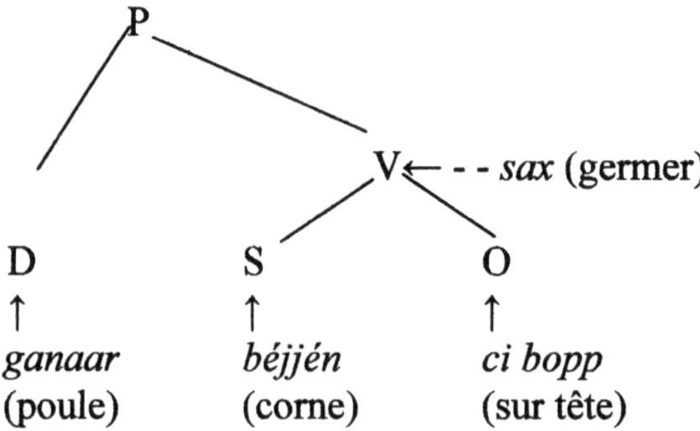

Cette interprétation permet de comprendre que l'énoncé tout entier

(n) *bu ganaar saxee béjjén*

peut être glosé par l'énoncé (p)

(p) *bu béjjén saxee ci boppu ganaar*

quand des cornes auront germé sur la tête de la poule

D'où il ressort que dans l'énoncé (n), *béjjén* est sujet sémantique du verbe *sax* et que *ganaar* n'en est que le sujet syntaxique. Ainsi, de (p) à (n), on passe d'une construction active à une construction passive.

(p) /bu/ béjjén/ saxee/ ci boppu ganaar
1 2 3

(n) /bu/ (ci boppu) ganaar/ saxee/ béjjén
3 2 1

La place de l'objet syntaxique est instanciée par un circonstant validé comme tel par la préposition *ci* dans (p). Dans (n) c'est ce circonstant spécifié par la synecdoque *ganaar* qui devient sujet du verbe qui prend un statut de verbe passif. L'effet de cette opération est que le sujet sémantique *béjjén* remplit la fonction de complément d'agent du verbe passif *sax*. Cette construction peut être mise en parallèle avec la construction du passif avec « de » en français à propos de quoi Grevisse écrit :

« 'de' est moins fréquent. Il s'emploie notamment : quand on indique le résultat de l'action et que le participe passé a une valeur voisine de celle des adjectifs : la *façade était ornée de drapeaux*. (Ce complément est assez proche d'un complément adverbial indiquant la manière, le moyen).

Il était accablé de honte.
Il était aimé de tous. »

Résumé

1- La voix passive existe en wolof. La construction du type « passif » s'obtient par transformation(s).

2- La construction du type « réflexif », même si elle n'est pas distincte de la construction du type « passif » au niveau morphosyntaxique, est tout de même repérable grâce à un test.

3- L'agent peut être exprimé quoique dans de rares cas.

4- Il y a un passif non marqué dont la construction s'obtient en effectuant une transformation par effacement du Sujet (S) et une transformation par déplacement de l'Objet (O) qui vient instancier la place de S.

Kenn du jaay bët > *bët du jaay*
(on ne vend pas œil) (œil ne (se) vend pas)

Sur le plan morphosyntaxique cette construction est identique à celle d'une phrase simple à la voix active.

5- Il y a un passif marqué dont la construction s'obtient suivant le processus indiqué ci-dessus, plus une transformation par ajout du morphème *-u* au verbe principal.

5.1- Si S et O ne sont pas co-référents, il s'agit d'un passif

Abdu dafay sang Asan > *Asan dafay sangu*
Abdou lave Assane Assane se lave

5.2- Si S et O sont co-référents, il s'agit d'un réflexif. Le cas échéant O peut être remplacé, selon qu'il s'agit d'un S à la première, deuxième, troisième personne du singulier, respectivement par

suma bopp, sa bopp, boppam (moi-même, etc…)

le pluriel correspondant étant

sunu bopp, seen bopp, seen bopp.

Asan dafay sang Asan > *Asan dafay sangu*
Assane lave Assane Assane se lave
Asan dafay sangu = *Asan dafay sang boppam*
Assane se lave lui-même

6- Il y a un passif avec occurrence de l'agent. Cette construction s'obtient en effectuant une transformation par permutation Sujet et

Objet ; puis une transformation par effacement du terme qui valide l'Objet.

a- *bu béjjén saxee ci ganaar* quand cornes pousser sur poule

a'- *bu ci ganaar saxee béjjén* quand sur poule pousser cornes

a''- *bu ganaar saxee béjjén* quand poule pousser cornes

LES SCHEMES DES PROPOSITIONS

Nous distinguerons la proposition équilibrée, la proposition sans noyau verbal, la proposition à sujet effacé[1].

La proposition équilibrée est constituée d'un syntagme nominal sujet et d'un syntagme verbal prédicat :

Exemple :

Dinanu *wax ak moom*.
SN SV
Nous lui parlerons
SN SV

Omar a *jénd kër gi*.
SN SV
Omar (M.R.S.) a acheté la maison.
SN SV
C'est Omar qui a acheté la maison.

La proposition sans noyau verbal est du type de certaines phrases exclamatives.

Exemple :

Ndaw kër !
Quelle maison !

Miig !
Silence !

Xanaa yow !
Bien sûr toi !

Man, yow, ci genn kër gi ; mukk !
Moi, toi, dans la même maison ; jamais !

[1] Elle correspond à la proposition{xe "proposition"} infinitive du français.

La proposition à sujet effacé est celle où le sujet n'est pas exprimé dans la proposition concernée.

Exemple :

Wax loo xam, def loo mën, soo tëddee nelaw.
dire ce-tu savoir, faire ce-tu pouvoir, si-tu coucher-Antér. dormir.
Parle de chose que tu sais, fais ce que tu sais faire, alors couché, tu dormiras l'esprit tranquille.

Daw, ca ba ngay am i tànk.
Fuir, à quand tu-Inacc. avoir des jambes
On fuit quand il est encore temps.

La nature des propositions

Une proposition peut être une proposition principale, une proposition subordonnée ou une proposition indépendante.

- Une proposition principale est une proposition de laquelle dépend une proposition sans dépendre elle-même d'une autre.

Si on considère les deux phrases simples suivantes :

Saaku baa ngi tege ci siis bi.
Le sac est posé sur la chaise.

et

Danga doon wut saaku bi.
Tu cherchais le sac.

Elles peuvent être combinées pour donner un énoncé d'une phrase complexe :

Saaku bi nga doon wut a ngi tege ci siis bi.
Le sac que tu cherchais est posé sur la chaise.

La proposition *saaku baa ngi tege ci siis bi* dans laquelle est enchâssée la proposition *danga doon wut saaku bi* (avec l'effacement des termes qu'exige la transformation) est dite proposition principale.

- Une proposition est dite subordonnée lorsqu'elle entretient avec une autre proposition une relation telle qu'elle dépende syntaxiquement de celle-ci. La proposition subordonnée est conjonctive ou relative.

Il s'agit d'une proposition subordonnée relative si la proposition est enchâssée dans la proposition dont elle dépend.

Exemple :

Saaku bi nga doon wut a ngi tege ci siis bi.
Le sac (que) tu cherchais est posé sur la chaise.

Il s'agit d'une proposition subordonnée conjonctive si la relation de dépendance est établie par une conjonction (ou une locution conjonctive) de subordination. La proposition subordonnée conjonctive est circonstancielle ou complétive.

Exemple :

Duma la gëm ndaxte fenkat nga. (sub.conj.compl.circons. de cause).
Je ne te croirai pas parce que tu es un menteur.

Dama foogoon ne doo fa mëna dem. (sub. complétive)
Je pensais que tu ne pourrais pas y aller.

Cependant la subordonnée complétive peut ne pas être introduite par une conjonction.

Dama bëgg nga seeti ko.
Je veux que tu ailles le voir.

- Une proposition est dite indépendante lorsqu'elle n'entretient pas de relation de dépendance syntaxique avec une autre proposition.

Les fonctions des propositions

La proposition subordonnée conjonctive peut être sujet, complément d'objet de verbe ou de nom.

- La proposition subordonnée conjonctive sujet.

Li mu la ko nangoo jaay a ma jaaxal.

Le fait qu'il ait accepté de te le vendre est ce qui m'étonne.

- La proposition subordonnée conjonctive complément d'objet de verbe.

Xam naa ne mënuma la fey.

Je sais que je ne peux pas te payer.

Dama bég ci li nga ma seetsi.

Je suis content que tu sois venu me voir.

- La proposition subordonnée conjonctive complément d'objet de nom.

Am naa yaakaar ne dina antu.

J'ai espoir que cela réussira.

La proposition subordonnée relative peut être sujet, épithète (déterminative ou non déterminative) ou complément.

- Proposition subordonnée relative sujet :

Làmbu golo, ku jóg danu.

Dans les jeux de lutte des singes, quiconque se lève tombe.

Ku muñ muuñ.

Quiconque est patient sourira[43].

[43] À qui sait attendre, le bonheur vient à point.

- Proposition subordonnée relative épithète :

Restrictive (ou déterminative).

Taalibe bi nga ko foogewul a lay wor.

Le disciple auquel tu ne t'attends pas est celui qui te trahira.

Explicative (ou appositive, ou non déterminative).

Sama pàppa, mi xam lu neex, ne lii, dinaa ko xamal bépp doomu-Senegaal.

Mon père, qui est un fin gourmet, dit : - ça, je le ferai connaître à tout fils du Sénégal -.

- proposition subordonnée relative complément :

Mënuma xàmme ki ma ko jaay.

Je ne sais pas reconnaître celui qui me l'a vendu.

La place des propositions

En général, la proposition principale précède la proposition subordonnée.

Exemple :

Dinaa ko def bu ma dellusee.
Mod.-je le faire quand je retourner-adsitif-Antér.
proposition principale proposition subordonnée
Je le ferai quand je serai de retour.

Cependant, lorsqu'il y a une proposition subordonnée de condition, celle-ci est presque toujours la protase, c'est-à-dire qu'elle vient avant la proposition principale qui alors est l'apodose.

Exemple :

Su ma gisee Omar, dinaa ko ko wax.
Mod. je voir-Antér. Omar Mod.-je le lui dire
proposition subordonnée proposition principale
Si je vois Omar, je le lui dirai.

Les propositions adverbiales aussi précèdent souvent la principale.

Exemple :

Bu ma dellusee, dinaa ko def.
quand je retourner-adsitif-Antér. Mod.-je le faire
proposition subordonnée proposition principale
Quand je serai de retour, je le ferai.

LA PROPOSITION ET LES CATEGORIES PRINCIPALES : LE SYNTAGME NOMINAL ET LE SYNTAGME VERBAL

Le syntagme nominal

Le syntagme nominal est constitué comme suit :

(Modalisateur) + Nominal + Déterminant

Le modalisateur

Il peut être :

- l'une des particules suivantes : *dafa, dina, du, #na, bu, a, la, #...na*

Exemple :

***Dafa** sonn.*
(**le fait est que**) Il est fatigué.

Dinanu fa dem.
Nous **irons** là-bas.

***Du**ma la gunge.*
Je ne t'accompagn**erai pas**.

***Na** xale yi tëri.*
Que les enfants aillent se coucher.

***Bu** kenn yëngu.*
Que personne **ne** bouge.

*Omar **a** ko gis.*
C'est Omar *qui* l'a vu.

Usmaan lañu woo.
C'est Ousmane qu'on a appelé.

Xale yi tëdd nañu.
Les enfants sont couchés.

- un adverbe interrogatif ou une locution adverbiale interrogative

Exemple :

Ndax dangeen di dem marse tey ?
Est-ce que vous allez au marché aujourd'hui ?
Lu tax Omar di dem ?
Pourquoi Omar s'en va-t-il ?

Le nominal

Il peut être :

un nom
un pronom
un nom + une conjonction + un nom
un nom + un connecteur + un nom
un pronom + une conjonction + un nom
un substitut pronominal
une proposition
un adverbe

- un nom

Exemple :

Xale yaa ngiy fo.
Les enfants jouent.

Caabi jaa ngi.
Voici la clé.

- un pronom

Exemple :

Mu ngi ci néeg bi.
Il est dans la chambre.

Danuy waxtaan.
Nous causons.

- un nom + une conjonction + un nom

Exemple :

Omar ak Usmaan a ngi ci biir.
Omar et Ousmane sont à l'intérieur.
Bukki ak lëg a àndoon.
L'hyène et le lièvre s'en étaient allés ensemble.

- un nom + un connecteur + un nom

Exemple :

Ndoxum teen a ko gënal.
Ndox-u-m teen a ko gënal
Eau-Connect-Class. puits Mod. lui être-meilleur-pour
Il préfère l'eau de puits (Litt. L'eau de puits est meilleure pour lui).

Ceebu jén a neex !
riz-Connect. poisson
Comme le riz au poisson est délicieux !

- un pronom + une conjonction + un nom

Exemple :
Man ak Omar ay ànd.
C'est moi et Omar qui allons ensemble.

*Moom ak xale y*eey fo.
C'est lui et les enfants qui jouent.

- un substitut pronominal
Exemple :
Lee (lii a) baax ci yow.
C'est ça qui est bien pour toi.
Boobaa gëna rafet.
Celui-là est plus joli.

- une proposition

Exemple :

Woto bi ma gis tey a ma neex.

C'est la voiture que j'ai vue aujourd'hui qui me plaît.

Na gan yi soga agsi dem ca saal ba.

Que les invités qui viennent d'arriver aillent au salon.

Baax a gën bon.

Être bon est meilleur qu'être mauvais (il vaut mieux être bon que mauvais).

- un adverbe

Exemple :

Ndànk, ndànk ay jàpp golo ci ñaay.

(c'est doucement, doucement qui attrape le singe en brousse)

Avec de la patience on arrive à prendre le singe dans les bois.

Fee (fii a) *gën ci moom.*

(Litt. c'est ici qui est mieux pour lui).

Cet endroit est meilleur pour lui.

Le déterminant

Il peut être :

un article

un nom

un syntagme comprenant un relateur et un verbe

un syntagme comprenant un relateur, un verbe et un adverbe

un syntagme comprenant un relateur, un verbe, un adverbe et un groupe prépositionnel

- un article

Exemple :

ab xibaar

une nouvelle

téere bi

le livre

- un nom

Exemple :

ndoxum teen
eau de puits
fasu géej
cheval de mer (hippocampe)

- un syntagme comprenant un article relatif et un verbe

Exemple :

am coy muy wax
un perroquet qui parle

wax ju neex
propos (qui être) agréables

- un syntagme comprenant un article relatif, un verbe et un adverbe

Exemple :

wax ju neex lool
propos (qui être) très agréables
gan gu agsi léegi
un hôte (qui être) arrivé maintenant

- un syntagme comprenant un article relatif, un verbe, un adverbe et un groupe prépositionnel

Exemple :

Ab xibaar bu neex lool ci xol.
Une nouvelle (qui être) très agréable au cœur.
gan gu agsi léegi ci kër gi
un hôte (qui être) arrivé maintenant à la maison

Les fonctions du syntagme nominal

Le syntagme nominal peut être un sujet ou un complément, un thème ou une apposition à un nom.

Exemple :

- syntagme nominal sujet :

Omar a ngiy wax.
Omar parle.

Picc mi doon sab noppi na.
L'oiseau qui chantait s'est tu.

- syntagme nominal complément :

Gis naa Omar.
J'ai vu Omar.

Dàq naa picc mi doon sab.
J'ai chassé l'oiseau qui chantait.

- syntagme nominal thème :

Lii, kenn du ko yemale ak dara.
Ça, on ne le compare à rien.

Góor : fit.
L'homme : du courage (c'est le courage qui fait l'homme).

- syntagme nominal apposé :

Yàlla, Buur bi, taxawu na nu.
Dieu, le Souverain, nous a assistés.

Le syntagme verbal

Le syntagme verbal peut comprendre les constituants suivants : verbe, marque verbale, auxiliaire, adverbe, affixe, syntagme nominal.

Marque verbale

-a, marque verbale, est au verbe ce que l'indice de classe nominal est au nom.

Exemple :

*Dama bëgg**a** naan.*
Je veux boire.

Auxiliaire

Il peut être :

- *y (~ di, a)* marque l'aspect inaccompli
- un verbe opérateur ou modal tels que:

bëgg	vouloir
dàq	être meilleur en quelque chose
doog	faire initialement
door	commencer
faf	faire après réflexion
faral	faire souvent
géj	n'avoir pas depuis longtemps
mën	pouvoir
mës	avoir déjà fait l'expérience de
nar	avoir l'intention de
seew	n'aspirer qu'à
sog	faire initialement
waaj	se préparer à
war	devoir
xal	faire en fin de comptes
xas	avoir fait irréversiblement
xaw	faillir

Adverbe

L'adverbe peut être un mot simple ou une locution.

Exemple :

Dina ñów léegi.
Il viendra bientôt.
Mu wax ko ko ci sutura.
Il le lui dit discrétement.

Affixe

L'affixe peut être une marque de négation, une marque du passé ou une particule verbale.

négation

-ul (~ -ut) marque la négation
Exemple :

Lekkul ~ lekkut.
Il n'a pas mangé.
Lekkuma[44].
Je n'ai pas mangé.
Làquwul[45].
Ce n'est pas caché (~ il ne s'est pas caché).

passé

-oon marque le passé.

Sa variante *-aan* exprime une valeur d'habitude ou d'occasion dans le passé.

Exemple :

Dama doon tux.
J'étais en train de fumer.
Dama daan tux.
Je fumais (autrefois).

---

[44] La consonne *-l ~ -t* de la négation s'efface quand elle est suivie par un pronom.
[45] Le verbe est *làqu*. La consonne épenthétique *w* permet d'éviter la rencontre des deux voyelles.

particule verbale

Elle est un affixe qui peut marquer : l'antériorité, l'accomplissement, l'exitif, l'adsitif, la complémentation, la voix ou l'itératif :

Antériorité *-ee*
Exemple :

*Bu ma lekk**ee** ba noppi dinaa ko seeti .*
Quand j'aurai fini de manger j'irai le voir.

Accomplissement *-ag* et son allomorphe *agum*
Exemple :

*Gis**ag**uloo ko ?*
Tu ne l'as pas encore vu ?

Exitif *-i*
Exemple :

*Dafa waxtaan**i** ak Omar.*
Il est allé causer avec Omar.

Adsitif *-si*
Exemple :

*Nanga ma seet**si**.*
Tu viendras me voir.

Complémentation adverbiale (ou circonstancielle) *-e*
Exemple :

*Fan nga jog**e** ?*
D'où viens-tu ?
*Loxo laay lekk**e**.*
Je mange à la main.

Forme réfléchie ou de voix moyenne *-u*
Exemple :

*Dafay sang**u**.*
Il se baigne.
*Dafa yàq**u**.*
C'est abîmé.

Itératif *-aat (~ -at, -ati)*[46]
Exemple :

*Woyal**aat** !*
Chante encore !
*Am**atu**ma jot.*
Je n'ai plus de temps.
*Duma fa dem**ati**.*
Je n'irai plus là-bas.

[46] Voir le reste des suffixes dans le tableau des affixes.

LES PARTIES DU DISCOURS

Les parties du discours sont des classes de mots et particules qui par un rapport syntaxique constituent la phrase.

On compte neuf classes de mots ou catégories lexicales en wolof :

la classe des modalisateurs
la classe des noms
la classe des pronoms
la classe des verbes
la classe des déterminants
la classe des adverbes
la classe des prépositions
la classe des conjonctions
la classe des interjections
la classe des contrastifs *de, kat, moom*

Les modalisateurs

Les modalisateurs sont des particules qui servent au locuteur à signaler la valeur que doit prendre :
- son énoncé :

dafa, dina, na,

- ou un élément en particulier de son énoncé :

a, a ng-, na, la

Valeur des différents modalisateurs

dafa (Explicatif)

Il indique que la proposition a une valeur explicative. Il peut, la plupart du temps, être glosé par « le fait est que ».
Dafa se réduit à *da* dans la conjugaison sauf à la 3ème personne du singulier :

dama sonn	je suis fatigué
danga sonn	tu es fatigué
dafa sonn	il est fatigué
danu sonn	nous sommes fatigués
dangeen sonn	vous êtes fatigués
dañu sonn	ils sont fatigués

dina (Projectif)

Il indique que la proposition a une valeur projective et correspond au futur du français.

Dina se réduit à *di* à la deuxième personne du singulier et du pluriel :

dinaa tëb	je sauterai
dinga tëb	tu sauteras
dina tëb	il sautera
dinanu tëb	nous sauterons
dingeen tëb	vous sauterez
dinañu tëb	ils sauteront

À la forme négative, *dina* a comme variante *du*

duma tëb	je ne sauterai pas
doo tëb	tu ne sauteras pas
du tëb	il ne sautera pas
dunu tëb	nous ne sauterons pas
dungeen tëb	vous ne sauterez pas
duñu tëb	ils ne sauteront pas

na (Incitatif)

Il indique que la proposition a une valeur incitative. C'est un outil qui indique la volonté de celui qui parle. Il sert à donner des instructions, des ordres atténués, à faire une invitation, une prière.

Il peut la plupart du temps être glosé comme : -il faut que- ou par un futur d'invite.

naa dem	que je parte
nanga dem	que tu partes
na dem	qu'il parte
nanu dem	que nous partions
nangeen dem	que vous partiez
nañu dem	qu'ils partent

À la forme négative, *na* a comme variante *bu*

bu ma dem	que je ne parte pas
bul dem	que tu ne partes pas
bu mu dem	qu'il ne parte pas
bu nu dem	que nous ne partions pas
buleen dem	que vous ne partiez pas

bu ñu dem	qu'ils ne partent pas

a ng- (Présentatif)

Il indique que la proposition a une valeur de présentatif. Il est toujours associé avec une particule démonstrative dont le choix dépend de la position du locuteur et de son interlocuteur par rapport au référent :

→ proche du locuteur : *-ii* ~ *-ile*

mu ngii	le voici
mu ngile	le voici

→ proche de l'interlocuteur : *-oo-u* ~ *-ule*

mu ngoogu	le voilà (à côté de toi)
mu ngoogule	le voilà (à côté de toi)

→ éloigné du locuteur et de l'interlocuteur : *-ale* ~ *-ee* ~ *-a*

mu ngale	le voilà (là-bas)
mu ngee	le voilà (là-bas)
mu nga	le voilà (là-bas)

→ éloigné des deux, mais moins de l'interlocuteur : *-oo-ale* ~ *-oo-ee* ~ *-oo-a*

mu ngoogale	le voilà (là-bas)
mu ngooga	le voilà (là-bas)
mu ngoogee	le voilà (là-bas)

Avec *a ng-* la proposition peut la plupart du temps être glosée comme un simple présent.

Quand on emploie *a ng-* dans une proposition sans verbe, on sous-entend le verbe *nekk* (être).

maa ngi ci néeg bi	je suis dans la chambre
yaa ngi ci néeg bi	tu es dans la chambre
mu ngi ci néeg bi	il est dans la chambre
nu ngi ci néeg bi	nous sommes dans la chambre
yeena ngi ci néeg bi	vous êtes dans la chambre
ñu ngi ci néeg bi	ils sont dans la chambre

Le *a* initial peut se fondre avec la voyelle du mot qui le précède.

Faatoo ngi	<	*Faatu a ngi*	voici Fatou

Amee ngi	<	*Ami a ngi*	voici Ami
Baabaa ngi	<	*Baaba a ngi*	voici Baba

a ng- n'est pas toujours déictique quand il est employé avec un verbe.

a (Mise en relief du sujet)

Il indique que le sujet est le principal élément d'information, et le met en relief.
Il peut être glosé comme : -c'est ... qui ...-

maa lekk mburu mi	c'est moi qui ai mangé le pain
yaa lekk mburu mi	c'est toi qui as mangé le pain
moo lekk mburu mi	c'est lui qui a mangé le pain
noo lekk mburu mi	c'est nous qui avons mangé le pain
yeena lekk mburu mi	c'est vous qui avez mangé le pain
ñoo lekk mburu mi	ce sont eux qui ont mangé le pain

na (Mise en relief du verbe)

Il indique que le verbe est le principal élément d'information, et le met en relief.
Il est par excellence le symbole de l'accompli.

lekk naa	j'ai mangé.
lekk nga	tu as mangé.
lekk na	il a mangé.
lekk nanu	nous avons mangé.
lekk ngeen	vous avez mangé.
lekk nañu	ils ont mangé.

la (Mise en relief du complément)

Il indique que le complément est l'élément d'information, et le met en relief.
Il peut être glosé comme : -c'est...que...-

ganaar laa lekk	c'est du poulet que j'ai mangé
ganaar nga lekk	c'est du poulet que tu as mangé
ganaar la lekk	c'est du poulet qu'il a mangé
ganaar lanu lekk	c'est du poulet que nous avons mangé
ganaar ngeen lekk	c'est du poulet que vous avez mangé

ganaar lañu lekk c'est du poulet qu'ils ont mangé

Contrainte

Les modalisateurs sont incompatibles avec un substantif sujet, à l'exception de *na*, *bu, a, a ngi* et *la* quand ils sont employés avec la troisième personne :

na, *bu* marqueurs de l'incitatif,

a, a ngi respectivement mise en relief du sujet et présentatif,

la marqueur de mise en relief du complément.

Exemple :

Na Omar dem (qu'Omar parte).

Bu Omar dem (qu'Omar ne parte pas).

Omar a lekk ganaar (c'est Omar qui a mangé du poulet).

Jén la Musaa lekk (c'est du poisson que Moussa a mangé).

Le nom et le classificateur

Notion de classe nominale

En wolof, les substantifs sont répartis dans un nombre de classes déterminées en fonction des consonnes qui servent à construire leurs déterminants. Cette consonne est appelée classificateur ou indice de classe . Cela fait du wolof une langue à classes nominales.

Fonctions du classificateur

Le classificateur est un indicateur sémantique et un indice d'accord. Comme indicateur sémantique, il permet de sélectionner un des sens d'un mot polysémique.

Exemple :

*ndaw **g**-*	jeunesse ; virginité
*ndaw **l**-*	messager
*ndaw **ñ**-*	les jeunes
*ndaw **s**-*	jeune femme

Comme indice d'accord, il permet de repérer un (groupe de) terme(s) qui se rapporte(ent) au nom qu'il régente. Ainsi, si on sait que *fas* « cheval » appartient à la classe *-w* et *tubaab* « européen » à la classe *-b*, on interprète que dans les exemples suivants :

*fasu tubaab **w**iy naan*
le cheval de l'européen qui boit
*fasu tubaab **b**iy naan*
le cheval de l'européen qui boit

la proposition dépendante ***w**iy naan* « qui boit » se rapporte à *fas* dans le premier, alors que la proposition dépendante ***b**iy naan* « qui boit » se rapporte à *tubaab* dans le second. Ici, grâce aux indices de classe, il n'y a pas d'ambiguïté quant au sujet du verbe *naan* « boire ».

Le classificateur d'un nom déterminé se répétera sur autant de termes qu'il y en aura en relation avec ce nom.

Différents classificateurs

Les noms se répartissent entre huit classificateurs du singulier, et deux du pluriel.

Classificateurs du singulier :

b- ; g- ; j- ; k- ; l- ; m- ; s- ; w-

Exemple :

xale ***bi***	l'enfant
gone ***gi***	l'enfant
jigéen ***ji***	la femme
nit ***ki***	la personne
lëf ***li***	la chose
ndox ***mi***	l'eau
suuf ***si***	la terre
weer ***wi***	la lune

Le classificateur *s-* ajoute une valeur dépréciative aux noms qui ne sont pas de la classe *s-* :

Exemple :

as kër	une maisonnette
as dog	un petit bout

Classificateurs du pluriel

ñ- ; y-

Exemple :

nit ***ñi***	les gens
fas ***yi***	les chevaux

Quelques noms ont leur pluriel en ***ñ-***. Ce sont :

nit	être humain
góor	homme
jigéen	femme
gaa	individu
mag	adulte
màgget	vieux
géer	personne non castée
gor	honnête homme

Classificateurs spécifiques

f- ; n- ; c-

f- indice générique de lieu :

Exemple :

fi	y
fii	ici
fale	là-bas

n- indice générique de manière :

Exemple :

ni	comme
nii	ainsi, comme ça

c- sert à construire une préposition :

Exemple :

ci	dans, sur, en, etc.

Distribution des noms dans les classes

Aucune règle ne détermine l'appartenance d'un nom à telle ou telle classe nominale. Cependant la distribution de certains noms semble obéir à des règles de catégorisation. Ainsi :

- les noms de personnes sont de la classe *-m*

Omar mi ma xam, Gore la dëkk.
Omar le je connaître, Gorée Mod.3p.sg. habiter
Omar que je connais habite à Gorée.

- les noms de pays et de villes sont de la classe *-g*

Senegaal gi nga dëkk, dañu ko fay jaay.
Sénégal le tu habiter, Mod.-on le y-Inacc. vendre
Au Sénégal où tu habites, on l'y vend.

- les termes de parenté sont de la classe *-j*[47]

Jëkkër jee ko ko jéndal.
époux le- Mod. lui le acheter
C'est son époux qui le lui a acheté.

[47] *sët* (petit-fils ; petite-fille) appartient à la classe b-.

- les noms de plantes sont de la classe *-g*

Gor na màngo gi ak siddéem gi.
abattre Mod.3p.sg. manguier le et jujubier le
Il a abattu le manguier et le jujubier.

- les noms d'ensembles sont en général des classes *-s* ou *-j*

Séeréer si	les Sérères
Sëriñ si	les guides spirituels (communauté musulmane)
janq ji	les jeunes filles

- les noms diminutifs sont de la classe *-s*

njëkkër si
époux le-petit
le petit mari[48]

Particularités de quelques noms

Certains noms changent de forme au pluriel[49].
Exemple :

bët	œil
gët	yeux
mbagg	épaule
wagg	épaules
loxo	main, bras
yoxo	mains, bras
baaraam	doigt
waaraam	doigts
bëñ	dent
gëñ	dents
buy	pin de singe
wuy	pins de singe

[48] Terme affectif pour parler du petit-fils.
[49] Mais les formes du pluriel sont rarement employées.

L'article

En wolof, il faut distinguer six types d'articles appelés dans cet ouvrage : article simple, article démonstratif, article relatif, article quantitatif, article interrogatif, et article génitival.

Les quatre premiers sont formés d'un classificateur qui en est la base et d'une particule déterminative qui n'est pas marquée lorsqu'il s'agit d'un article simple indéfini. Le cinquième est formé d'un classificateur qui en est la base et de la particule interrogative *-an.*

Article simple

Article simple indéfini

Article simple indéfini singulier

Il se place toujours immédiatement avant le nom. La voyelle *a-* (~ *u-*) qui entre dans la formation de l'article n'a ni valeur sémantique ni valeur grammaticale mais sert d'appui à la consonne de base de l'article qui du reste peut être contracté avec le mot qui le précède.

Exemple :

-b xarit ami   ***ab*** *xarit* un ami

-m ndox eau   ***um*** *ndox* une eau

May na maw nag   < *May na ma* ***aw nag****.*

Il m'a offert **une vache**

Absence de l'article simple indéfini singulier

Pour exprimer la généralisation d'un signifié ou pour donner l'effet de sens de l'article partitif français « du ; de la », on procède par effacement de l'article simple indéfini singulier. Ainsi, c'est une langue qui ne connaît pas l'emploi de l'article comme partitif.

Exemple :

Nit, nit ay garabam (Proverbe).

L'Homme est le remède de l'Homme.

damay lekk mburu.

je mange du pain (litt. je mange pain).

Article simple indéfini pluriel

Il se place toujours immédiatement avant le nom. La voyelle *a-* qui entre dans la formation de l'article n'a ni valeur sémantique ni valeur grammaticale mais sert d'appui à la consonne de base de l'article qui du reste peut être contracté avec le mot qui le précède. L'article indéfini pluriel *ay* se réduit parfois à *i*.

Exemple :

ay xarit — des amis
i xarit — des amis
May na koy nag < *May na ko ay nag.*
Il lui a offert des vaches.

Article simple défini

L'article simple défini singulier ou pluriel se place après le déterminé. La particule de détermination de l'article défini sera :

-*i,* si le déterminé est un référent proche dans l'espace ou dans le temps :

Exemple :

xarit b- — ami
xarit bi — l'ami
xarit y- — amis
xarit yi — les amis

-*a,* si le déterminé est un référent éloigné dans l'espace ou dans le temps :

Exemple :

xarit ba — l'ami
xarit ya — les amis

Article démonstratif

L'article démonstratif singulier ou pluriel peut se placer avant ou après le déterminé. Le choix de la particule de démonstration de l'article dépend de la position du locuteur et de son interlocuteur par rapport au référent :

Référent proche du locuteur : -*ii*

Exemple :

xale bii — cet enfant ici
bii xale — cet enfant ici
man mii — moi que voici

Référent proche de l'interlocuteur : *-oo-u*

Exemple :

xale boobu	cet enfant (à côté de toi)
boobu xale	cet enfant (à côté de toi)
moom moomu	lui (à côté de toi)

Référent éloigné du locuteur et de l'interlocuteur : *-ale*

Exemple :

xale bale	cet enfant-là-bas
bale xale	cet enfant-là-bas
moom male	lui là-bas

Chez certains locuteurs, la particule *-ale* se réduit à *-ee* :

Exemple :

xale bee	cet enfant-là-bas
bee xale	cet enfant-là-bas
moom mee	lui là-bas

Référent éloigné mais plus proche de l'interlocuteur : -*oo-ale*

Exemple :

xale boobale	cet enfant-là-bas
moom moomale	lui là-bas

Chez certains locuteurs, la particule *-oo-ale* se réduit à *-oo-a* ou bien à -*oo-ee*

Exemple :

xale booba	cet enfant-là-bas
booba xale	cet enfant-là-bas
moom mooma	lui là-bas
xale boobee	cet enfant-là-bas
moom moomee	lui là-bas

Les articles démonstratifs en *-oo-u ; -oo-ale* s'emploient également avec une valeur de rappel :

Exemple :

Fas woowu, Omar a ko moom[50]
cheval art.dém., Omar Mod. le possède
Ce cheval en question est à Omar.

Il n'est pas toujours déictique quand il est employé avec un verbe.
Le *a* initial peut fondre avec la voyelle du mot qui le précède.
Le *u* final s'amuit souvent à l'oral. Ainsi :

"*Faatoo ngoog*" vient de "*Faatu a ngoogu*" ; "*Amee ngoog*" vient de "*Ami a ngoogu*" ; "*Baabaa ngoog*" vient de "*Baaba a ngoogu*".

Article relatif

Il introduit un verbe qui sert de déterminant.

Article relatif indéfini

Il est formé du classificateur du déterminé et du connectif neutre *-u*.

Exemple :

kër g-	maison
mag	être grand
kër gu mag	grande maison
ag kër gu mag	une grande maison
kër gu mag gi	la grande maison
coy b-	perroquet
wax	parler
coy buy wax	perroquet parlant = qui parle
ab coy buy wax	un perroquet parlant=qui parle

[50] Attention de ne pas confondre *moom* (lui) avec *moom* (posséder).

Article relatif défini

Il est formé du classificateur du déterminé et du connectif *-i*. Il introduit un verbe déterminant un déterminé défini.

Exemple :

coy b-	perroquet
wax	parler
coy biy wax	le perroquet parlant = qui parle

Moom mi bëggoona dem lui qui voulait partir.

Article quantitatif

Il faut distinguer deux types : l'article quantitatif simple et l'article quantitatif augmentatif. L'article quantitatif peut se placer avant ou après le nom qu'il sert à déterminer.

La particule de détermination de l'article quantitatif simple est -*épp*. Il se soude au classificateur du nom à déterminer.

Exemple :

dëkk b-	ville
dëkk bépp a ngi lay sant	toute la ville te loue

La particule de détermination de l'article quantitatif augmentatif est *-een*. Sa base est le numéral *benn* (un) ou l'une de ses variantes.

Exemple :

xale b-	enfant
wool ma beneen xale	Appelle-moi un autre enfant

Article interrogatif

Il se place avant ou après le déterminé. Sa forme est fonction de ce dernier. Il peut être :

ban ; gan ; jan ; kan ; lan ; man ; san ; wan ; yan ; ñan.

Article génitival

Sauf à la troisième personne du singulier, l'article génitival se place avant le nom qu'il détermine. Il peut prendre l'une des formes suivantes :

- Avec un déterminé au singulier :

sama	à moi
sa	à toi
-am	à lui
sunu	à nous
seen	à vous
seen	à eux

- Avec un déterminé au pluriel :

samay	à moi
say	à toi
ay ...-am	à lui
sunuy	à nous
seeni	à vous
seeni	à eux

La forme *-am* de la troisième personne du singulier est toujours suffixée au nom qu'il sert à déterminer :

Exemple :

sama xarit	mon ami
xaritam	son ami

L'article génitival est compatible à d'autres articles :
Exemple :

ab xarit	un ami
ab xaritam	un ami à lui = son ami
ay xarit	des amis
ay xaritam	des amis à lui = ses amis

Pour des raisons émotionnelles, l'article génitival peut être placé après le nom :

Exemple :

sama	mon, ma
jabar j-	épouse
jabar sama	ma femme chèrie

Les articles comme substituts de pronoms

Lorsqu'ils sont des résidus de syntagmes, ils fonctionnent comme substituts de pronoms :

Exemple :
Woto bi ma jénd.
La voiture que j'ai achetée.
Bi ma jénd.
Celle que j'ai achetée.

Wan fas ngay war ?
Quel cheval vas-tu monter ?
Wan ngay war ?
Lequel vas-tu monter ?

Yoon wii moo gën.
Ce chemin est meilleur.
Wii moo gën.
Celui-ci est meilleur.

Fas wu weex la am.
C'est un cheval blanc qu'il a.
Wu weex la am.
qui blanc il a = il en a un qui est blanc
Lépp laay jél.
Je prends tout.
Jox ma beneen.
Donne-moi un autre.

Les pronoms

Il y a quatre séries de pronoms en Wolof : les pronoms sujets, les pronoms objets, les pronoms emphatiques et les pronoms génitivaux.

Pronoms sujets

Les pronoms sujets sont :

ma	je
nga	tu
mu	il
nu	nous
ngeen	vous
ñu	ils

Le pronom *ma* se réduit à *a* en s'amalgamant avec les modalisateurs *dina, la, na* et on obtient *dinaa, laa, naa.*

Le pronom *nga* a une variante *ya* devant les modalisateurs *a* et *a ngi* et devient *yaa* et *yaa ngi* respectivement. Il se combine avec le modalisateur du projectif négatif ou avec le circonstant *bu* pour donner respectivement *doo* et *boo*. Il prend la forme *l* devant le modalisateur *bu* de l'incitatif négatif.

Le pronom *mu* n'apparaît qu'avec les modalisateurs *bu* (de l'incitatif négatif), *a* et *a ngi*. Avec le modalisateur *a*, ils donnent *moo.* Avec le modalisateur *a ngi*, ils donnent *mu ngi* ou *moo ngi* selon les locuteurs.

Le pronom *nu* en présence du modalisateur *a* se combine avec lui pour donner *noo.* Avec le modalisateur *a ngi*, ils donnent *nu ngi* ou *noo ngi* selon les locuteurs.

Le pronom *ngeen* est remplacé par sa variante *yeen* devant les modalisateurs *a* et *a ngi.* Il prend la forme *leen* avec l'impératif affirmatif, et devant le morphème *bu* de l'incitatif négatif.

Le pronom *ñu* en présence du modalisateur *a* se combine avec lui pour donner *ñoo.* Avec le modalisateur *a ngi*, ils donnent *ñu ngi* ou *ñoo ngi* selon les locuteurs.

Pronoms objets

Les pronoms objets sont :

ma	me/moi
la	te/toi
ko	le/la/lui
nu	nous
leen	vous
leen	les/leur

Ils laissent leur place aux pronoms emphatiques dans les phrases où le complément à mettre en relief doit être pronominalisé :

Moom laa ko jox.
C'est à lui que je l'ai donné.

Pronoms emphatiques

Les pronoms emphatiques sont :

man	moi
yow	toi
moom	lui
nun	nous
yeen	vous
ñoom	eux

Pronoms génitivaux

Les pronoms génitivaux sont la combinaison d'un classificateur avec la particule génitivale *-os* :

sama	*bos*
(à moi	pn.poss.)

le mien

bosu	*Usmaan*
(pn.poss.-rel.neutre	Ousmane)

celui d'Ousmane

Le pronom avec l'impératif et/ou la négation

La marque de personne du singulier à l'impératif disparaît devant un pronom

Exemple :

Firil Astou.
Enlève les tresses d'Astou.
Firi ko.
Enlève-lui les tresses.

La consonne *l* de la négation tombent devant un pronom :

Exemple :

Bëggul Astou.
Il n'aime pas Astou.
Bëggu ko.
Il ne l'aime pas.

Lekkul.
Il n'a pas mangé.
Lekkuma.
Je n'ai pas mangé.

La détermination du nom ou du pronom

Définition

La détermination nominale est l'opération qui consiste à ajouter du sens à un substantif ou à un nominal par un ou plusieurs des procédés suivants :

- détermination simple par adjonction d'article
- détermination relationnelle par adjonction de nom, de verbe ou de proposition.

Détermination simple

Elle se fait par l'adjonction d'un article.

- L'article indéfini est préposé au nom :

Exemple :

aw fas un cheval

Aucun terme ne peut se placer entre l'article indéfini et le nom qu'il détermine.

- L'article défini est postposé au nom :

Exemple :

fas wi	le cheval

- L'article démonstratif se place généralement après le déterminé, mais peut le précéder :

Exemple :

gone g-	enfant
gii	ce
gone gii	cet enfant
gii gone	cet enfant

- L'article génitival, à l'exception de la troisième personne du singulier, se place avant le déterminé :

Exemple :

sama	mon = à moi
kër g-	maison
sama kër	ma maison
sa	ton = à toi
bos	mien, tien, etc
bi	le
sa bos bi	le tien
sa	ton
ñaar	deux
ñi	les
sa ñaar ñi	tes deux

Cependant pour des raisons émotionnelles, il peut être placé après le nom :

Exemple :

sama	mon
jabar j-	épouse
jabar sama	ma femme chérie

La détermination relationnelle par adjonction de nom

Elle consiste à déterminer un substantif, ou un nominal (le déterminé) par un autre substantif (le déterminant).

Dans le cas d'un déterminé au singulier finissant par une consonne, le déterminant est introduit par le connectif neutre *-u* qui se soude au déterminé.

Exemple :

ndox m-	eau
teen -b	puits
ndoxu teen	eau de puits

Cependant avec le numéral *benn* (un) et ses variantes, à l'exception de *menn* (seul), le déterminant qui suit est introduit sans connectif :

Exemple :

benn	un
xale b-	enfant
benn xale	un enfant
genn	un
gone g-	enfant
genn gone	un enfant

mais

Mennum Omar...	Seul Omar...

Dans le cas d'un déterminé au singulier finissant par une voyelle, le déterminant est introduit directement sans connectif :

Exemple :

ndaje m-	rencontre
jàmm j-	paix
ndaje jàmm	rencontre de paix

Dans les deux cas, le classificateur du déterminé peut optionnellement être rajouté :

- sur le déterminé en l'absence de connectif :

Exemple :
ndajem jàmm rencontre de paix

- sur le connectif quand il y en a :

Exemple :
ndoxum teen eau de puits.

Dans le cas d'un déterminé au singulier appartenant à la classe *-j*, si on choisit de mettre le classificateur, *-j* devient *-y* :

Exemple :

cere -j	couscous
guddi -g	nuit
cerey guddi	couscous de nuit
Yàlla -j	Dieu
Israyel	Israël
Yàllay Israyel	Dieu d'Israël

Dans le cas d'un déterminé au pluriel finissant par une consonne, le déterminant est introduit sans connectif mais le classificateur *-y* du pluriel se soude au déterminé sous sa variante *-i* :

Exemple :

kër y-	maisons
ban b-	argile
këri ban	maisons en banco

Dans le cas d'un déterminé au pluriel finissant par une voyelle, le déterminant est introduit sans connectif et le classificateur *-y* du pluriel se soude au déterminé sans varier :

Exemple : *ndajey jàmm* rencontres de paix

La détermination relationnelle par adjonction de verbe

Elle consiste à déterminer un nom ou un nominal par un verbe dans une construction épithète. Cette opération se fait en introduisant le verbe par :
- le connectif *-u* qui se rattache au classificateur du nom, si le nom est indéfini :

Exemple :

kër g-	maison
mag	grand
kër gu mag	grande maison
coy b-	perroquet
wax	parler
coy buy wax	perroquet parlant = qui parle

- par la variante *-i* du connectif *-u* si le nom est défini.

Exemple :

coy biy wax	perroquet parlant = qui parle

La détermination relationnelle par extension avec une proposition

Elle consiste à déterminer un nom ou un nominal par une proposition. Cette opération se fait par l'introduction d'une proposition constituée de sujet-verbe-complément, au moyen du connectif *-u* ~ *-i* qui se rattache au classificateur du nom :

Exemple :

Kër gi Omar jaay Usmaan
maison la Omar vendre Ousmane
La maison qu'Omar a vendue à Ousmane

Les numéraux

Les numéraux cardinaux

Les numéraux cardinaux de base sont :

benn, ñaar, ñett, ñent, juróom, fukk, téeméer, junni
un, deux, trois, quatre, cinq, dix, cent, mille

Les nombres de 6 à 9 sont la combinaison de 5 avec 1, 2, 3 et 4

juróom benn,	*juróom ñaar,*	*juróom ñett,*	*juróom ñent*
6,	7,	8,	9

À partir de 10, on ajoute les unités et/ou les dizaines à la classe qui précède :

Exemple :

fukk ak benn	11
fukk ak juróom ñaar	17
téeméer ak fukk ak juróom ñent	119
junni ak téeméer ak fukk ak benn	1111

Les dizaines, les centaines et les mille se multiplient :

Exemple :

ñaar fukk	20
ñett fukk	30
ñent fukk	40
ñetti téeméer	300
ñenti junni	4000

ñett fukk 30, très usité en Gambie, a une variante plus courante au Sénégal : *fanweer.*

Numéraux ordinaux

À l'exception de *jëkk* (premier), ils sont formés d'un nombre cardinal et du suffixe *-eel* (-ième) :

Exemple :

ñaareel	deuxième
ñetteel	troisième
fukkeel ak benn	onzième
fukk ak benneel	onzième

À l'exception de *jëkk*, les numéraux ordinaux dans une relation de détermination fonctionnent toujours comme déterminés, tandis que *jëkk* fonctionne comme déterminant.

Exemple :

ñaareelu kër gi	la deuxième maison
kër gu jëkk gi	la première maison

TABLEAU DES NOMINAUX

CLASSIFICATEURS singulier *b, g, j, k, l, m, s, w* pluriel *y, ñ*	
ARTICLES	
simples	
indéfinis singulier *ab, ag, ak, am, as, aw* pluriel *ay*	définis singulier proche *bi, gi, ji, ki, li, mi, si, wi* singulier éloigné *ba, ga, ja, ka, la, ma, sa, wa* pluriel proche *ñi, yi* pluriel éloigné *ña, ya*
démonstratifs	
proche du locuteur singulier *bii, gii, jii, kii, lii, mii, sii, wii* pluriel *ñii, yii* référent éloigné du locuteur singulier *bale, gale, jale, kale, lale, male, sale, wale* pluriel *ñale, yale*	proche de l'interlocuteur singulier *boobu, googu, jooju, kooku, loolu, moomu, soosu, woowu* pluriel *ñooñu, yooyu* référent éloigné de l' interlocuteur singulier *boobale, googale, joojale, kookale, loolale, moomale, soosale, woowale* pluriel *ñooñale, yooyale*
relatifs	
indéfinis singulier *bu, gu, ju, ku, lu, mu, su, wu* pluriel *ñu, yu*	définis singulier *bi, gi, ji, ki, li, mi, si, wi* pluriel *ñi, wi*
interrogatifs singulier *ban, gan, jan, kan, lan, man, san, wan* pluriel *ñan, yan*	
génitivaux singulier *sama, sa, -am, sunu, seen, seen* pluriel *samay, say, sunuy, seeni, seeni*	
Quantitatifs	
Simples singulier *bépp, gépp, képp, lépp, mépp, sépp, wépp* pluriel *ñépp, yépp*	Augmentatifs singulier *beneen, geneen, jeneen, keneen, leneen, meneen, seneen, weneen* pluriel *yeneen, ñeneen*
ADVERBIAUX	
simples *fu, nu*	interrogatifs *fan, nan*
NUMERAUX	
cardinaux *benn (genn, jenn, kenn, lenn, menn, senn, wenn), ñaar, ñett, ñent, juróom, fukk, téeméer, junni*	ordinaux *ñaareel, ñetteel, ñenteel, juróomeel, jukkeel, téeméereel*

Le verbe

Le verbe, dans le cas du wolof, ne se définira pas par la seule propriété de pouvoir prendre les marques de temps et d'aspect, mais aussi par sa spécificité d'être le seul terme de la proposition qui puisse être mis en relief par le marqueur de modalisation *na* (cf. Marqueurs de modalisation).

D'un point de vue sémantique, le verbe est le seul élément de prédication inapte à faire référence à une substance.

Contrairement au substantif, le verbe sera irrecevable en tant que terme de base (ou repère) dans une construction épithétique.

Il est le seul terme de la proposition a avoir une disposition à prendre un complément d'objet ou un complément circonstanciel.

Le verbe s'identifie par sa marque originelle : *-a*. Cette particule, bien qu'en construction avec le verbe, se rattache au mot qui précède le verbe.

Exemple :

1 *Ku bëgga ubbi bunt bi*
(qui veut ouvrir la porte) *?*

2 *bunt bi la Omar dee ubbi*
(c'est la porte qu'Omar ouvre).

Le verbe *ubbi* est employé avec les auxiliaires *bëgg* et *di* respectivement dans 1 et 2. La marque verbale s'est manifestée normalement.
Ce qu'on peut constater particulièrement dans le parler gambien.

Notons que 2a, 2b, 2c et 2c ci-dessous sont des variantes de 2.

2a *bunt bi la Omar di ubbi.*
2b *bunt bi la Omaray ubbi.*
2c *bunt bi lay ubbi.*
2d *bunt bi laa ubbi.*

Pourtant, employé seul,
Exemple :

3 *Ku ubbi bunt bi* (qui a ouvert la porte) ?
4 *Ku nob Faatu* (qui aime Fatou) ?
5 *Altine la Omar dem* (c'est lundi qu'Omar est parti) ?

ou comme premier auxiliaire,
Exemple :

Jéem na koo ubbi (il a essayé de l'ouvrir).

le verbe se libère de sa marque sauf dans les cas d'emploi avec *dafa* où *-a* apparaît chaque fois qu'il y a une occurrence verbale dans la proposition.

Exemple :

*Mënumaa nelaw ndax dafa**a** ubbi bunt bi* (je n'arrive pas à m'endormir parce qu'il a ouvert la porte).
*Dañu **koo** dàq* (on l'a licencié).
*Xale yi dañ**oo** bëgg ceeb.*
*Dama **cee** bëgg* < *dama ci a bëgg* (j'en veux).

Un verbe auxiliaire ou employé comme tel implique la présence de la marque verbale du verbe dont il est l'auxiliaire.

Exemple :
*War nañu fa**a** jéem**a** dem*

REMARQUE :

Il est important de ne pas confondre les coalescences *-oo* ou *-ee* dues à la présence de la marque verbale avec celles qui sont dues à la présence de la marque de l'aspect inaccompli *-a* (variante de *-y*) ou encore à la présence de la marque de personne *-al* de l'impératif.

Exemple :
Mën na koo def.
Nañuy ubbi bunt bi (qu'on ouvre la porte (comme règle))!
Nañoo ubbi bunt bi ! (variante)
deel def li la war (il faut faire ce qui t'incombe (comme règle))!
dil def li la war ! (variante)
Omar a ko jénd (c'est Omar qui l'a acheté).
Omar a koy jénd (c'est Omar qui l'achète).
Omar a koo ubbi (variante).

Les différents types de verbe

Il faut distinguer globalement quatre types : les verbes d'action, les verbes d'état, les verbes de qualité et les verbes auxiliaires.

- verbes d'action :

Exemple :

daw	courir
lekk	manger
liggéey	travailler

- verbes d'état :

Exemple :

nekk	être
sonn	être fatigué
am	avoir

- verbes de qualité :

Exemple :

xonq	être rouge
soxor	être cruel
neex	être agréable

- verbes auxiliaires :

Exemple :

xaw	faillir
mës	avoir déjà fait l'expérience de
sog	faire initialement

La première forme verbale qui apparaît dans la proposition se charge des modalités verbales. Ainsi, quand il y a une relation d'auxiliation entre deux verbes, le premier, qui le cas échéant est l'auxiliaire, prend les modalités verbales.

Exemple :

war	devoir
dem	aller
Dama waroona dem marse	je devais aller au marché.

bëgg	vouloir
nen	pondre
Dafa bëggula nen	c'est qu'elle ne veut pas pondre.

Manifestation et place de la marque verbale

La marque verbale *-a* s'accroche au mot qui précède immédiatement le mot dont il révèle le statut verbal. Le mot auquel il s'accroche peut être un auxiliaire verbal, un adverbe, ou un pronom.

Exemple :

*Dafa bëgg**a** dem*
Expl.3p.sg. vouloir- Marq.v. partir
Il veut partir.
Dinga mënatee[51] *dem*
Mod.-tu pouvoir-Itér.- Marq.v. partir
Pourras-tu encore partir ?
Dañu koo fàtte
Mod.3p.pl. le-Marq.v. oublier
Ils l'ont oublié.
Mën na cee dugg
Pouvoir Mod.3p.sg. pn.- Marq.v. entrer
Il peut y entrer.
Dafa nara dem
Expl.3p.sg. avoirl'intention- Marq.v. partir
Il a l'intention de s'en aller.

S'il y a une séquence de verbes auxiliaires, la marque verbale *-a* sera portée par chacun d'eux à l'exception du tout premier

Exemple :

*war nga fa**a** jéem**a** dem*
devoir tu y-marq.v. essayer-marq.v. partir
Tu dois essayer d'y aller.

mais si la proposition est faite en *dafa*, la marque sera présente pour tous les verbes.

Exemple :

*Danga fa**a** war**a** jéem**a** dem*
Expl.-tu y-Marq.v. devoir-Marq.v. essayer-Marq.v. partir
Tu dois essayer d'y aller.

[51] Cf. le paragraphe sur la coalescence.

Tableau des conjugaisons

	Accompli	Accompli	Inaccompli	Inaccompli	Nég atif
	Présent	Passé	Présent	Passé	
Mini mal	*ma gis*	*ma gisoon*	*may gis*	*ma doon gis*	-
	nga gis	*nga gisoon*	*ngay gis*	*nga doon gis*	-
	mu gis	*mu gisoon*	*muy gis*	*mu doon gis*	-
	nu gis	*nu gisoon*	*nuy gis*	*nu doon gis*	-
S + v	*ngeen gis*	*nge gisoon*	*ngeen di gis*	*ngeen doon gis*	-
+ (cpt)	*ñu gis*	*ñu gisoon*	*ñuy gis*	*ñu doon gis*	-
	ma gisul	*ma gisuloon*	*ma dul gis*	*ma duloon gis*	+
	nga gisul	*nga gisuloon*	*nga dul gis*	*nga duloon gis*	+
	mu gisul	*mu gisuloon*	*mu dul gis*	*mu duloon gis*	+
	nu gisul	*nu gisuloon*	*nu dul gis*	*nu duloon gis*	+
	ngeen gisul	*ngeen gisuloon*	*ngeen dul gis*	*ngeen duloon gis*	+
	ñu gisul	*ñu gisuloon*	*ñu dul gis*	*ñu duloon gis*	+
Pré-senta tif	*maa ngi gis*	*maa ngi gisoon*	*maa ngiy gis*	*maa ngi doon gis*	-
	yaa ngi gis	*yaa ngi gisoon*	*yaa ngiy gis*	*yaa ngi doon gis*	-
	mu ngi gis	*mu ngi gisoon*	*mu ngiy gis*	*mu ngi doon .gis*	-
	nu ngi gis	*nu ngi gisoon*	*nu ngiy gis*	*nu ngi doon gis*	-
Sjt-a	*yeena ngi gis*	*yeena ngi gisoon*	*yeena ngiy gis*	*yeena ngi doon gis*	-
ngi + v + (cpt)	*ñu ngi gis*	*ñu ngi gisoon*	*ñu ngiy gis*	*ñu ngi doon gis*	-
Mise en relief du sujet	*maa gis*	*maa gisoon*	*maay gis*	*maa doon gis*	-
	yaa gis	*yaa gisoon*	*yaay gis*	*yaa doon gis*	-
	moo gis	*moo gisoon*	*mooy gis*	*moo doon gis*	-
	noo gis	*noo gisoon*	*nooy gis*	*noo doon gis*	-
	yeena gis	*yeena gisoon*	*yeenay gis*	*yeena doon gis*	-
	ñoo gis	*ñoo gisoon*	*ñooy gis*	*ñoo doon gis*	-
Sjt-a+ v+ (cpt)	*maa gisul*	*maa gisuloon*	*maa dul gis*	*maa duloon gis*	+
	yaa gisul	*yaa gisuloon*	*yaa dul gis*	*yaa duloon gis*	+
	moo gisul	*moo gisuloon*	*moo dul gis*	*moo duloon gis*	+
	ñoo gisul	*ñoo gisuloon*	*noo dul gis*	*noo duloon gis*	+
	yeene gisul	*yeene gisuloon*	*yeena dul gis*	*yeena duloon gis*	+
	ñoo gisul	*ñoo gisuloon*	*ñoo dul gis*	*ñoo duloon gis*	+

Mise	*gis naa*	*gisoon naa*			-
en	*gis nga*	*gisoon nga*			-
relief	*gis na*	*gisoon na*			-
du	*gis nanu*	*gisoon nanu*			-
verb.	*gis ngeen*	*gisoon ngeen*			-
	gis nañu	*gisoon nañu*			-
V+					
na-	*gisuma*	*gisuma woon*			+
sjt+	*gisuloo*	*gisuloo woon*			+
(cpt)	*gisul*	*gisuloon*			+
	gisunu	*gisunu woon*			+
	gisuleen	*gisuleen woon*			+
	gisuñu	*gisuñu woon*			+
Mise	*Umi laa gis*	*Umi laa gisoon*	*Umi laay gis*	*Umi laa doon gis*	-
en	*Umi nga gis*	*Umi nga gisoon*	*Umi ngay gis*	*Umi nga doon gis*	-
relief	*Umi la gis*	*Umi la gisoon*	*Umi lay gis*	*Umi la doon gis*	-
du	*Umi lanu gis*	*Umi lanu gisoon*	*Umi lanuy gis*	*Umi lanu doon gis*	-
com	*Umi ngeen gis*	*Umi ngeen gisoon*	*U ngeen di gis*	*Um ngeen doon gis*	-
plé-	*Umi lañu gis*	*Umi lañu gisoon*	*Umi lañuy gis*	*Umi lañu doon gis*	-
ment					
	Umi laa gisul	*Umi laa gisuloon*	*Um laa dul gis*	*Umi laa duloon gis*	+
	Umi nga gisul	*Umi nga gisuloon*	*U nga dul gis*	*Umi nga duloon gis*	+
Cpt	*Umi la gisul*	*Umi la gisuloon*	*Umi la dul gis*	*Umi la duloon gis*	+
la-sjt	*Umi lanu gisul*	*Umi lanu gisuloon*	*U lanu dul gis*	*Um lanu duloon gis*	+
+ v	*U ngeen gisul*	*Um ngeen gisuloon*	*Ungeen dul gis*	*U ngeen duloon gis*	+
	Umi lañu gisul	*Umi lañu gisuloon*	*U lañu dul gis*	*Um lañu duloon gis*	+

Ex-pli-catif dafa-sjt + v + (cpt)	*dama gis* *danga gis* *dafa gis* *danu gis* *dangeen gis* *dañu gis*	*dama gisoon* *danga gisoon* *dafa gisoon* *danu gisoon* *dangeen gisoon* *dañu gisoon*	*damay gis* *dangay gis* *dafay gis* *danuy gis* *dangeen di gis* *dañuy gis*	*dama doon gis* *danga doon gis* *dafa doon gis* *danu doon gis* *dangeen doon gis* *dañu doon gis*	- - - - - -
				dama daan gis *danga daan gis* *dafa daan gis* *danu daan gis* *dangeen daan gis* *dañu daan gis*	- - - - - -
	dama gisul *danga gisul* *dafa gisul* *danu gisul* *dangeen gisul* *dañu gisul*	*dama gisuloon* *danga gisuloon* *dafa gisuloon* *danu gisuloon* *dangeen gisuloon* *dañu gisuloon*	*dama dul gis* *danga dul gis* *dafa dul gis* *danu dul gis* *danga dul gis* *dañu dul gis*	*dama duloon gis* *danga duloon gis* *dafa duloon gis* *danu duloon gis* *dangeen duloon gis* *dañu duloon gis*	+ + + + + +
				dama daawul gis *danga daawul gis* *dafa daawul gis* *danu daawul gis* *dangeendaawul gis* *dañu daawul gis*	+ + + + + +

Projectif[52] dina-sjt + v + (cpt)			*dinaa gis*		-
			dinga gis		-
			dina gis		-
			dinanu gis		-
			dingeen gis		-
			dinañu gis		-
			duma gis		+
			doo gis		+
			du gis		+
			dunu gis		+
			dungeen gis		+
			duñu gis		+
			dinaay gis	*daan naa gis*	-
			dingay gis	*daan nga gis*	-
			dinay gis	*daan na gis*	-
			dinanuy gis	*daan nanu gis*	-
			dingeen di gis	*daan ngeen gis*	-
			dinañuy gis	*daan nañu gis*	-
			dumay gis	*daawuma gis*	+
			dooy gis	*daawuloo gis*	+
			duy gis	*daawul gis*	+
			dunuygis	*daawunu gis*	+
			dungeen di gis	*daawuleen gis*	+
			duñuy gis	*daawuñu gis*	+
Incitatif na + s + v + (cpt)	*naa gis*		*naay gis*		-
	nanga gis		*nangay gis*		-
	na gis		*nay gis*		-
	nanu gis		*nanuy gis*		-
	nangeen gis		*nangeen di gis*		-
	nañu gis		*nañuy gis*		-
	bu ma gis		*bu may gis*		+
	bul gis		*bul di gis*		+
	bu mu gis		*bu muy gis*		+
	bu nu gis		*bu nuy gis*		+
	buleen gis		*buleen di gis*		+
	bu ñu gis		*bu ñuy gis*		+

[52] La forme du projectif (dina-sjt.) lorsqu'elle est surcomposé (dina-sjt+Inacc.) donne au procès une valeur d'habitude.

Cir-cons-tan-ciel bu + s + v + (cpt) ou bien bi + s + v + (cpt)	*bu ma gisee* *boo gisee* *bu gisee* *bu nu gisee* *bu ngeen gisee* *bu ñu gisee* *bu ma gisul(ee)* *boo gisul(ee)* *bu gisul(ee)* *bu nu gisul(ee)* *bu ngeen gisul(ee)* *bu ñu gisul(ee)*	*bi ma gisee* *bi nga gisee* *bi mu gisee* *bi nu gisee* *bi ngeen gisee* *bi ñu gisee* *bi ma gisul(ee)* *bi nga gisul(ee)* *bi mu gisul(ee)* *bi nu gisul(ee)* *bi ngeen gisul(ee)* *bi ñu gisul(ee)*	*bu may gis* *booy gis* *buy gis* *bu nuy gis* *bu ngeen di gis* *bu ñuy gis* *bu ma dul gis* *boo dul gis* *bu dul gis* *bu nu dul gis* *bu ngeen dul gis* *bu ñu dul gis*	*bi may gis* *bi ngay gis* *bi muy gis* *bi nuy gis* *bi ngeen di gis* *bi ñuy gis* *bi ma duloon gis* *bi nga duloon gis* *bi mu duloon gis* *bi nu duloon gis* *bi ngeen duloon gis* *bi ñu duloon gis* *bi ma daan gis* *bi nga daan gis* *bi mu daan gis* *bi nu daan gis* *bi ngeen daan gis* *bi ñu daan gis* *bi ma daawul gis* *bi nga daawul gis* *bi mu daawul gis* *bi nu daawul gis* *bi ng. daawul gis* *bi ñu daawul gis*	- - - - - - + + + + + + - - - - - - + + + + + +
Impé-ratif	*lekkal* *lekkleen* *bul lekk* *buleen lell*		*dil lekk* *dileen lekk* *bul di lekk* *buleen di lekk*		- - + +

Hy-po-thé-tique su + s + v + (cpt)	*su ma gisee* *soo gisee* *su gisee* *su nu gisee* *su ngeen gisee* *su ñu gisee*	*su ma gisoon* *soo gisoon* *su gisoon* *su nu gisoon* *su ngeen gisoon* *su ñu gisoon*	*su may gis* *sooy gis* *suy gis* *su nuy gis* *su ngeen di gis* *su ñuy gis*	*su ma doon gis* *soo doon gis* *su doon gis* *su nu doon gis* *su ngeen doon gis* *su ñu doon gis*	- - - - - -
	su ma gisul(ee) *soo gisul(ee)* *su gisul(ee)* *su nu gisul(ee)* *su ngeen gisul(ee)* *su ñu gisul(ee)*	*su ma gisuloon* *soo gisuloon* *su gisuloon* *su nu gisuloon* *su ngeen gisuloon* *su ñu gisuloon*	*su ma dul gis* *soo dul gis* *su dul gis* *su nu dul gis* *su ngeen dul gis* *su ñu dul gis*	*su ma duloon gis* *soo duloon gis* *su duloon gis* *su nu duloon gis* *su ngeen duloon gis* *su ñu duloon gis*	+ + + + + +

Particularité de certains verbes

Un certain nombre de verbes ont leurs particularités. Ainsi :

- ***sog*** (faire initialement) ne s'emploie pas avec le modalisateur *na*.
- ***jëm*** (être en train d'aller) ne se conjugue qu'à l'inaccompli et prend obligatoirement un complément de lieu.
- ***di*** (être quelque chose) ; ***ne*** (dire) ne se conjuguent qu'à l'accompli.
- ***am*** (dans le sens d'une invitation à recevoir ce qu'on tend = tiens, prends, dispose de) est toujours à l'impératif, mais n'en prend pas la marque au singulier[53].
- ***kaay*** (viens) est exclusivement un verbe à l'impératif.

La notion de transitivité

La qualité transitive est un trait générique qui prédispose un verbe à la complémentation. L'étroitesse des rapports que le verbe entretient avec un complément d'objet est inversement proportionnelle à son degré de transitivité. Ainsi le verbe *woy* (chanter), qui sémantiquement est étroitement lié à *aw woy* (une chanson), a un faible degré de transitivité. Par contre le verbe *dagg* (couper), qui sémantiquement ne contient aucun actant, a un degré de transitivité très élevé. Un verbe à faible degré de transitivité se passe aisément de complément d'objet et ressemble du point de vue syntaxique à un verbe intransitif. La qualité intransitive est pour un verbe l'impossibilité de prendre un actant qu'il intégrerait sémantiquement.

Il faut par ailleurs ajouter l'aspect morphologique de la transitivité car la transitivité d'un verbe peut être marquée par un morphème qui peut être un suffixe de complémentation, une conjonction ou une préposition.

- suffixes : ***-e ; -al***
- conjonction : ***ak***
- prépositions : ***ci ; ndax ; ngir***

Le suffixe de complémentation *-e* peut être bifonctionnel. Il peut modifier la valence du verbe dans les deux sens : transitif / intransitif. Autrement dit, il peut être détransitivant ou transitivant :

[53] Quand *am* prend la marque de l'impératif il signifie avoir. Exemple : *Amal xel* (aies esprit) sois raisonnable.

- détransitivant, il affaiblit le degré de transitivité du verbe
- transitivant, il augmente le degré de transitivité du verbe.

Ainsi, avec les verbes d'action comme *jox*, *-e* est détransitivant. Il est en corrélation ici avec un actant interne (Act.Int.) mais avec lequel il est incompatible du point de vue de la syntaxe.

En revanche, *-e* est transitivant avec les verbes de qualité comme *añaan* :

Exemple :

Danga añaane Omar këram gi.
Mod.-tu être-jaloux-de Omar maison-à-lui la
Tu es jaloux de la maison d'Omar.

Dans le cas de verbe de qualité, *-e* est compatible du point de vue syntaxique avec l'Act.Int., en l'occurrence, *Omar*, qu'il permet ainsi d'intégrer au prédicat. La différence de comportement des deux prédicats signale leur différence de degré de transitivité. En effet *jox* est fortement transitif (*jox* implique toujours quelqu'un), alors que *añaan* est intransitif.

-e signale selon les cas :

- qu'un terme est devenu transitif (*añaan*),
- que la transitivité d'un terme a diminué (*joxe*),
- qu'il n'y a pas de relation d'immanence entre le prédicat et le terme de la complémentation.

Présence ou absence de morphème de complémentation

La transitivité d'un verbe n'est pas nécessairement marquée. Ainsi *lekk* (manger), *jàng* (apprendre / lire) et *jox* (remettre) sont des verbes transitifs non marqués. Un verbe transitif non marqué, morphologiquement, ressemble à un verbe intransitif, et plus particulièrement, lorsqu'il s'agit d'un verbe à faible degré de transitivité.

Certains verbes sont marqués par nécessité. Leur marque a la double fonction de changer leur valeur sémantique initiale tout en indiquant leur qualité transitive. C'est le cas des verbes comme *fekke* < *fekk* (être présent quand une action a lieu).

Quand un verbe a un degré élevé de transitivité, la présence de *-e* le détransitivise de la complémentation par actant interne :

Exemple :

Damay joxe ganaar gi.

Mod.-je-Inacc. remettre-*e*. poulet le
Je remets le poulet . (C.O.I. non explicité)
Dafa mëna xoole !
Mod.-3p.sg. pouvoir-Marq.v. regarder-*e*
Il regarde trop ! (C.O.D. non explicité)

Yónnee ko Usmaan.
envoyer-à le Ousmane
Envoie-le à Ousmane (fais-le parvenir à Ousmane par quelqu'un qui n'est pas explicité).

Dans ces exemples, l'actant interne est caché. Par contre *-e* transitivise par une complémentation circonstancielle :

Exemple :

Dagge ko sa loxo.
couper-*e*. le ta main
Coupe-le avec ta main.

Usmaan laay xoole gone gi.
Ousmane Mod.-je-Inacc. regarder-*e*. enfant le
C'est à travers Ousmane que je vois l'enfant.

Valeurs syntaxiques des morphèmes de complémentation

Le suffixe *-e* :

Exemple 1- :

Marse laa doon gise Omar.
marché Mod.-je Inacc.-Pass. voir-*e*. Omar
C'est au marché que je voyais Omar.

-e permet d'élargir la transitivité du verbe *gis* à un complément dont la nature est différente de celle de *Omar* et dont la relation avec *gis* n'est pas la même que celle qu'il y a entre *Omar* et *gis*. Ici, il s'agit de *marse* qui est interne au procès *gis*, alors que *Omar* est externe au procès *gis*.

Exemple 2- :

Marse laa doon woote.

marché Mod.-je Inacc.-Pass. appeler-*e*.
J'invitais à (la création de) un marché.

-*e* indique l'élargissement de la transitivité du verbe *woo*[54] à une place qui devrait être instanciée par un terme qui doit être interne au procès. On peut envisager ici comme générique : *nit ñi* les gens. La construction indique que *marse* est un constituant externe au procès. En effet lorsqu'un verbe porte le suffixe -*e* mais n'a qu'un complément, celui-ci ne peut pas être interne au procès. Il est traditionnellement désigné complément d'objet direct.

Exemple 3- :

Marse laa doon wootee.
marché Mod.-je Inacc.-Pass. appeler-*e*-*e*
C'est du marché que j'appelais.

La cooccurrence des deux -*e* indique l'élargissement de la transitivité du verbe *woo* à deux places qui doivent être instanciées par des termes dont l'un, exprimé, est un complément circonstanciel et l'autre, non exprimé, est un actant interne. Une place peut être instanciée par plusieurs termes coordonnés ou juxtaposés mais essentiellement de même nature. L'existence de terme associé complément est signalée par le suffixe de complémentation -*e*.

Étant donné que *woo* est un verbe transitif, l'exemple 2 montre que dans *marse laa doon woote*, -*e* évoque une place qui doit être instanciée par un Act.Int. En d'autres mots, *marse*, en tant que N.Act. est dans la valence négative du verbe ici. S'il en était autrement, c'est-à-dire, si *marse* instanciait la place d'un N.Act., on aurait eu comme dans 3 un deuxième –*e*, c'est-à-dire :

Marse laa doon wootee marse.
marché M.R.C.-je Inacc.-Pass. appeler-*e*-*e* marse
C'est du marché que j'invitais à (la création d') un marché.

Exemple 4- :

Ca marse ba laa ko ko joxe.
à marché le .R.C.-je lui le remettre-*e*
C'est au marché que je le lui ai remis.

[54] Dans la forme woote, -t- est une consonne épenthétique.

En analysant cet exemple, on se rend compte qu'il y a un N.Act., un Act.Int. et un Act.Ext., mais qu'il n'y a qu'une seule occurrence de *-e*. En remontant à ce qui a été dit de l'exemple *marse laa doon wootee* (c'est du marché que j'appelais), on peut conclure que l'Act.Int. et *-e* ne peuvent pas être construits concurremment avec un même prédicat.

Le suffixe ***-al*** :
Exemple :

1- *Kuy dawal woto bi ?*
qui-Inacc. courir-*e* auto la
Qui conduit la voiture ?

1'- *Kuy dawal ?*
qui-Inacc. courir-*e*
Qui conduit ?

2- *Kuy tàngal ceeb bi ?*
qui-Inacc. réchauffer-*e* riz le
Qui réchauffe le riz ?

2'- *Kuy tàngal ?*
qui-Inacc. réchauffer-*e*
Qui réchauffe ?

3- *Kuy jàngal Natali ?*
qui-Inacc. enseigner-*e* Nathalie
Qui enseigne à Nathalie ?

3'- * *Kuy jàngal ?*
Qui enseigne ?

On constate que :
- d'une part, on peut supprimer les actants *woto bi* et *ceeb bi* respectivement dans 1 et 2 où les racines verbales sont intransitives,
- d'autre part, en supprimant *Natali* dans 3 où la racine verbale est transitive, on obtient la phrase agrammaticale 3'.

Alors que *jàng*, dès l'état initial, a un Act.Ext., *Wolof* par exemple, *daw* et *tàng* doivent d'abord être transitivés par *-al* pour pouvoir recevoir un Act.Ext. L'agrammaticalité de 3' est due au fait qu'après *-al*, le complément, pour pouvoir être effacé, doit être un externe au prédicat[55]. Au plan formel, il n'y a pas d'indice quant à l'agrammaticalité de 3'. Seules nos connaissances empiriques nous permettent de savoir que le prédicat *jàngal* présuppose un actant externe qui, à priori, ne doit pas être Nathalie.

La complémentation par ***ak*** :

Dans une construction comme :

1- *Laax rekk laa fay lekk.*
bouillie seulement M.R.C-je là-bas-Inacc. manger
Je n'y mange que de la bouillie.

la transitivité du prédicat *lekk* se limite à deux places :

- une instanciée par un Act.Ext. : *laax*
- une instanciée par un N.Act. locatif : *fa.*

ak permet au prédicat d'élargir sa transitivité à une troisième place qui serait instanciée par un N.Act. n'ayant pas une fonction locative. Ainsi dans la phrase suivante, on peut ajouter le non-actant instrumental *koog g-* :

1' *Laax rekk laa fay lekk ak koog.*
bouillie seule Mod.-je là-bas-Inacc. manger avec cuillère-en-bois
Il n'y a que la bouillie que j'y mange avec une cuillère en bois[56].

La complémentation par ***ci*** :

La fonction la plus commune de *ci* est de valider un N.Act. comme étant un locatif.

Exemple :

1- *Ñu ngiy waxtaan.*
nous Mod.-Inacc. causer
Nous causons.

1'- *Ñu ngiy waxtaan ci néeg bi.*
nous Mod.-Inacc. causer dans chambre la
Nous causons dans la chambre.

[55] Le verbe *nàmpal* est une exception du fait qu'il présuppose un Actant Externe qui ne peut pas être en conflit avec l'Actant Interne. Avec *nàmpal*, l'Actant Interne, bien qu'ayant le trait « +Humain », peut être effacé sans entraîner ni une transformation morphologique du verbe ni une phrase agrammaticale.

[56] Pour tout autre aliment, je me sers d'autre chose que d'une cuillère en bois.

Dans certains énoncés, il arrive que *ci* valide un Act.Int. comme dans l'énoncé suivant :

2- *Ñu ngiy waxtaan ci néeg bi.*
nous Mod.-Inacc. causer de chambre la
Nous parlons de la chambre.

Au niveau des énoncés produits, 1' et 2 sont identiques. Cependant en interprétation, 1' et 2 sur les plans syntaxique et sémantique sont différents comme on peut le voir dans les énoncés 1'' et 2' qui les sous-tendent respectivement :

1'' *Ñu ngi nekk ci néeg bi di waxtaan.*
nous Mod. se-trouver dans chambre la Inacc. causer
Nous sommes dans la chambre en train de causer.
≅ *ñu ngiy waxtaane ci néeg bi.*

2' *Ñu ngiy waxtaan ci mbirum néeg bi.*
nous Mod.-Inacc. causer de affaire-Connect-Clas. chambre la
Nous parlons à propos de la chambre.
≅ *ñu ngiy waxtaane néeg bi.*

Il est possible de montrer que *ci* augmente la transitivité de *waxtaan* en générant un énoncé avec cooccurrence de N.Act. et Act. comme dans 3 :

3 *Ñu ngi ci néeg bi di waxtaan ci mbirum néeg bi.*
nous Mod. dans chambre la Inacc. causer de sujet-Connect-Clas. chambre la
Nous parlons de la chambre dans la chambre.

Valeurs sémantiques *-e*

Dans certaines constructions, *-e* semble n'avoir qu'une fonction sémantique. Dans les exemples 1- 5' ci-dessous, sa présence dénote une relation de non immanence d'un actant par rapport au procès, tandis que son absence dénote plutôt l'immanence d'un actant par rapport au procès.

Exemple :

1 *Moo am nenne.*
elle-Mod. avoir bébé
C'est elle qui a un bébé. (actant-2 immanent ; possession inaliénable)

1' *Moo ame nenne.*
elle-Mod. avoir-*e*. bébé
C'est elle qui a un bébé (avec elle). (actant-2 non immanent ; possession aliénable)

2 *Yaa dàq ganaar gi.*
tu- Mod. chasser poule la
C'est toi qui a chassé la poule. (actant-2 immanent)

2' *Yaa dàqe ganaar gi.*
tu- Mod. poursuivre poule la
C'est toi qui a poursuivi la poule. (actant-2 non immanent)

3 *Ci opitaal bi la dëkk.*
dans hôpital le Mod.-3p.sg. habiter
C'est dans l'hôpital qu'il habite. (actant-2 immanent)

3' *Ci opitaal bi la dëkke.*
dans hôpital le Mod.-3p.sg. habiter-*e*.
C'est du côté de l'hôpital qu'il habite. (actant-2 non immanent)

Diagramme des relations d'immanence dans la complémentation intégrative.

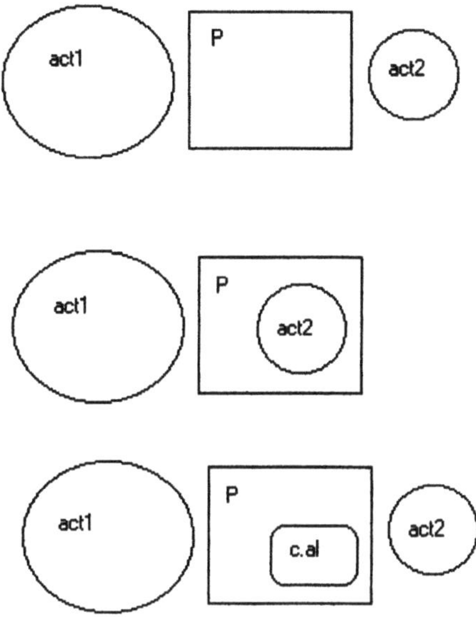

Le cercle avec la mention **Act1** correspond à l'actant principal.
Le rectangle avec la mention **P** correspond au procès.
Le cercle avec la mention **Act2** correspond à l'actant 2 qui est le complément intégratif en relation d'immanence avec le procès.
Le rectangle avec la mention **C.al.** correspond à un complément auquel on fait allusion.
Act2 **hors de P** signifie qu'il n'y a pas de relation d'immanence procès/complément intégratif.
Act2 **dans P** signifie qu'il y a une relation d'immanence procès/complément intégratif.
Act2 **hors de P, avec C.al. dans P** signifie qu'il n'y a de relation d'immanence qu'avec le terme allusif.

Les auxiliaires du verbe

En wolof, *am* (avoir) d'une part et *di, y*[57], *nekk* (être) d'autre part sont des verbes pleins et ne sont jamais employés comme auxiliaires du verbe. Les auxiliaires du verbe sont principalement les modaux et les aspectuels :

les modaux

Les modaux sont :

mën	savoir ; pouvoir
war	avoir à ; devoir

les aspectuels

Les aspectuels sont :

y, di, a	en train de
far, faf	faire en dernier ressort
xas	avoir fait irreversiblement
soog	faire pour la première fois ; venir de
mës	avoir déjà fait l'expérience de
xaw	faillir, manquer ((de) se produire)
géj	n'avoir pas fait depuis un certain temps

Certains verbes pleins sont parfois employés comme auxiliaires verbaux. Ainsi :

bëgg	aller, être en passe de
jóg ci	arrêter de, n'être pas sans
të	s'obstiner à ne pas
waaj	être sur le point de

Exemple :

Dafa bëgg Omar.
Il aime Omar.
Mu ngiy bëgga dem.

[57] Il faut distinguer y (~ di) verbe être et y (~ di ~ a) auxiliaire verbal d'aspect.

Il est sur le point de s'en aller.
Du jóg ci gilaawaali.
Il fait toujours des bêtises.
Du jóg ci fen.
Il n'arrête pas de mentir.

Dafa të ci fotooy bi.
Il est coincé dans le fauteuil.
Wax naa wax, mu të dem.
J'ai eu beau parler, il s'obstine à ne pas partir.

Ñu ngiy waaj ubbite bi.
Ils préparent la rentrée.
Ñu ngiy waaja julli.
Ils s'apprêtent à prier.

Les modalités du verbe

Ce sont les modalités de temps, d'aspect, de négation, d'itération et d'accomplissement. En wolof, le verbe ne varie ni en fonction du genre ni en fonction du nombre ni en fonction de la personne.

Modalité temporelle

Le temps grammatical est peu élaboré : « + Passé » ou « - Passé ». Le « + Passé » peut être marqué par *-oon ; -aan ; bi ; ba* ou être révélé par l'absence de marqueur.

-oon

Ndakaaru laa demoon	C'est à Dakar que j'étais allé.
Ndakaaru laa doon dem	C'est à Dakar que j'allais.

-aan

Dama daan dem tefes	J'allais à la plage (fréquentatif).
Bu naanaan, dafa daan woy	Quand il avait bu, il chantait.
Bu daan naan, dafa daan woy	Quand il buvait, il chantait (fréq.).

bi

Bi Omar demee la	C'était quand Omar est parti.
Ba Omar demee la	C'était quand Omar est parti.

Absence de marqueur de modalisation

Dafa dem, Omar agsi.
Il est parti, Omar arriva.

Remarque 1 :
-oon et *-aan* sont des suffixes. Mais devant une voyelle, ils prennent les formes *woon* et *waan* et se détachent du verbe.
Remarques 2 :

	wolof	**français**
A	passé inaccompli	imparfait
C	passé accompli	plus-que-parfait
B	présent accompli avec un verbe d'action	passé composé
C	présent accompli avec un verbe d'état	présent

Modalité aspectuelle

On distinguera l'aspect accompli et l'aspect inaccompli.

L'aspect inaccompli :

Il est marqué par *y* et ses variantes *di* et *a* ou par le morphème de modalisation du projectif *dina*.

y

Il a plusieurs valeurs : présent, futur, habitude, itératif, occasion.
Exemple :

Damay dem Mbuur.
Je vais à Mbour [maintenant ; demain ; tous les jours]

Bu may fecci, damay karwaatu
Quand je vais danser, je me mets en cravate. [occasion]

Il s'attache au mot qui précède immédiatement le verbe :

Damay sang Omar	Je baigne Omar.
Dama koy sang	Je le baigne.

Il est parfois remplacé par sa variante *di*. C'est ce qui arrive après le pronom *ngeen* si on ne met pas un *a* épenthétique avant de mettre *y* :

Dangeen di waxtaan ?	Vous causez ?
Dangeenay waxtaan ?	Vous causez ?

Avec un verbe à l'impératif ou à l'incitatif, *di* donne toujours une valeur d'habitude :

Nangeen di julli.
Il faut [vous/prendre l'habitude de] prier.
Dil julli.
Il faut [toi/prendre l'habitude de] prier.

Avec un verbe à l'impératif, *di* se place avant les pronoms. Il est alors soudé au pronom-sujet quand celui-ci n'est pas supprimé par la présence d'un pronom complément :

Dil julli.
Il faut [prendre l'habitude de] prier.

Di ko ko jox.
Il faut [toi/prendre l'habitude de] le lui donner.

Il se met entre le pronom sujet et le pronom complément dans une proposition complétive (non marquée par un marqueur de modalisation):

Dafa bëgg ma di ko uuf
Il veut que je le prenne sur mes genoux [à chaque instant].

a est une autre variante de *y* :

Mu ngii di dem ak di dikk ci suba ak léegi.
Le voici allant et venant depuis ce matin.
Mu ngii di dem ak a dikk ci suba ak léegi.
Le voici allant et venant depuis ce matin.

dina

Ce morphème de modalisation du projectif est en réalité un amalgame de *di* avec la marque de modalisation *na* morphème de l'accompli par excellence. Il est une projection vers l'accompli.

Déwén, dinaa dem Sapon su soobee Yàlla.
L'an prochain, j'irai au Japon, s'il plaît à Dieu

L'aspect accompli :

Il est révélé par l'absence de la marque de l'inaccompli. Mais dans les propositions subordonnées compléments circonstanciels de temps et dans les propositions subordonnées d'hypothèse ou de condition, il est marqué par *-ee* qui donne au verbe qui le porte une valeur d'antériorité par rapport à celui de la proposition principale.

Bi mu demee lañu agsi	C'est quand il est parti qu'ils sont arrivés.

Modalité négative

La marque grammaticale de la négation est ***-ul***. Elle perd son *-l* devant un pronom :

Dinaa dem	Je partirai
Duma dem	Je ne partirai pas

na dem	Qu'il parte
Bu mu dem	Qu'il ne parte pas
Lekkagul	Il n'a pas encore mangé
Lekkaguma	Je n'ai pas encore mangé

Le syntagme *doo* du projectif négatif est une contraction de *di-ul-nga.*
Le syntagme *-uloo* est réduit chez certains locuteurs en *-oo* :

Amoo paas, doo dem.
Tu n'as pas le billet, tu ne partiras pas.

Modalité itérative

Marques de l'itératif

Les marques grammaticales de l'itératif sont *-aat, -at, -ati.*

Valeur et emploi des marques de l'itératif

-aat exprime l'idée "ne pas une nouvelle fois". Il s'emploie avec toutes les conjugaisons.

-at ne se combine qu'avec la négation. Mais il est incompatible avec l'incitatif. Avec un verbe au futur, il s'amalgame avec le syntagme *du* et on obtient *doot*

Dootuma dem.	Je n'irai plus.
Dootuloo dem.	Tu n'iras plus.
Dootul dem.	Il n'ira plus.
Dootunu dem.	Nous n'irons plus.
Dootuleen dem.	Vous n'irez plus.
Dootuñu dem.	Ils n'iront plus.

Sa combinaison avec la négation exprime l'idée "ne plus".

-ati s'emploie avec toutes les conjugaisons à la forme affirmative. Par contre avec la forme négative, le verbe doit être à l'aspect inaccompli sauf s'il s'agit de l'incitatif où il n'y a pas cette contrainte.
-ati s'emploie également dans des phrases elliptiques :

Yow ati ?	Toi encore ?
Ba kañ ati ?	Jusqu'à quand encore ?

Modalité d'accomplissement

La marque de l'accomplissement *-ag-*, vraisemblablement dérivée du verbe *àgg* (arriver), se combine :

- soit à la marque de négation *-ul* pour exprimer que l'accomplissement d'un procès n'est pas validé.

Usmaan laa bindagul.

C'est à Ousmane que je n'ai pas encore écrit.

- soit à la marque *-um*, antithèse de *-ul* dans l'environnement de *-ag-*, pour exprimer que l'accomplissement partiel d'un procès est validé.

Usmaan laa bindagum.

C'est à Ousmane que j'ai écrit pour le moment.

Les conjonctions et locutions conjonctives

Les conjonctions sont des parties du discours qui permettent de mettre ensemble des termes d'une proposition ou des propositions elles-mêmes dans une relation de dépendance ou non.

Les conjonctions de coordination

Elles réunissent des syntagmes de même statut. Ce sont :

wànte	mais
walla	ou
kon	donc
ndaxte	car
ak	et
te	et, or

- *ak* coordonne des noms, des pronoms ou des propositions nominalisées. Il peut s'amalgamer à la voyelle du mot précédent :

Exemple :

cere ak soow = cereek soow couscous et lait caillé

- *te* coordonne des propositions.

Reeral te tëri.

Dîne et va te coucher.

- *ndaxte* est souvent réduit à *ndax.*

Demu fa ndax amuloon jot.

Il n'y a pas été car il n'avait de temps.

Les conjonctions de subordination

Elles permettent de réunir des propositions qui n'ont pas les mêmes fonctions. Les plus courantes sont :

ni	comme ; ainsi que ; à mesure que
su	si (conditionnel)
ndax	si (interrogation indirecte)
bi, ba, bu	quand ; pendant que ; lorsque
bi	que ; qui (pronom)
ne[58]	que
ndegem	puisque ; étant donné que ; vu que
naka	dès que
feek	tant que
gannaaw	après que ; étant donné que
bala	avant que
ba	jusqu'à ce que
te	alors que
ndaxte[59]	parce que
ba noppi	une fois que
saa yu	toutes les fois que
lu tollook	autant que
ba ... ba léegi	depuis que
ak li (...) yépp	quoique

[58] La conjonction de subordination *ne*, vraisemblablement du verbe dire, s'emploie après les verbes *xam, foog, defe, xalaat, njort, yaakaar, gis, seetlu, yég, dégg, fàtte, fàttaliku, fàttali, bind, wax, yéene, jàpp*.
[59] *ndaxte* se réduit souvent à *ndax*.

Prépositions et locutions prépositives

Les prépositions

Les prépositions les plus utilisées sont :

ci	en ; à ; sans ; envers ; moyennant
ak	avec ; malgré
gannaaw	hormis ; sauf
ba	jusque
ngir	pour

La préposition *ci* se construit avec le classificateur *c-* accompagné d'une particule de dénotation de proximité *-i* ou de dénotation de distance *-a*.

Exemple :

Mu ngi ci néeg bi il est dans la chambre.
Mu nga ca néeg ba il est dans la chambre.

Dans ses cas d'emplois les plus fréquents, *ci* introduit un complément circonstanciel.

Exemple : *Duggal ci néeg bi* Entre dans la chambre.

Il arrive par ailleurs qu'il introduise un complément d'objet indirect.

Exemple : *Waxal ci xale bi* *Parle de l'enfant (= réagis).

Il peut aussi avoir une valeur de partitif.

Mos naa ci ceeb bi J'ai goûté du riz = J'en ai goûté.

Les locutions prépositives

Les locutions prépositives sont :

lu weesu	après
lu jiitu	avant
lu jëm ci	concernant
ci biir	dans ; durant ; pendant ; parmi
dale ko	depuis
ci gannaaw	derrière
ci kanam	devant
ci diggante	entre
ci wetu	près
ci suufu	sous
ci kow	sur

Les interjections

Les interjections sont des mots ou locutions que l'on utilise en situation d'énonciation pour traduire une émotion vive. Par exemple :

Ay !	aïe !
I ! [ʔi^{h}]	bof !
Cam doom !	chic !
Xalaas !	hélas !
Duul ! (vulg.)	merde !
Ó ! [ʔo:]	mince ! zut !
Cim !	pouah !
Aca !	allez !
Déet !	non ! allons !
Mbas !	la barbe !

Les contrastifs *de, kat, daal, moom*

Les contrastifs *de, kat, daal, moom* sont des particules qui permettent de marquer l'élément placé avant eux en contraste avec un élément explicite ou implicite de même catégorie de l'énoncé. Ainsi, un nom sera en contraste avec un autre nom ou un procès avec un autre procès.

Exemple :

Man de duma ko xaar.
moi Contr. Mod.-je le attendre
Quant à moi, je ne l'attendrai pas.

Ndakaaru de neex na.
Dakar Contr. être-agréable Mod.3p.sg.
Dakar, en ce qui le concerne, est agréable.

Ndakaaru moom neex na.
Dakar Contr. être-agréable Mod.3p.sg.
Dakar, en ce qui le concerne, est agréable.

Ndakaaru daal neex na.
Dakar Contr. être-agréable Mod.3p.sg.
Tout compte fait, Dakar est agréable.

Ndakaaru kat neex na.
Dakar Contr. être-agréable Mod.3p.sg.
Dakar, quoi qu'on en pense, est agréable.

BIBLIOGRAPHIE

BERNARD, G., ed., LA FORME ET LE FOND. ERA 642 (UA 04 1028) Univ. Paris 7.
BOILAT, D. 1868. GRAMMAIRE DE LA LANGUE WOLOFFE. Paris, imprimerie impériale.
BYRNE, L.S.R. and CHURCHILL, E.L. 1991. A COMPREHENSIVE FRENCH GRAMMAR. Blackwell Publishers, Oxford, UK.
CHURCH, E. 1981. LE SYSTÈME VERBAL DU WOLOF. Doc. Ling. N0 27 ; pub. Dpt ling. ; Univ. Dakar
CRESSEILS, D. 1991. DESCRIPTION DES LANGUES NEGRO-AFRICAINES ET THEORIE SYNTAXIQUE. Université Stendhal. Grenoble.
DANON-BOILEAU, L. 1987. ENONCIATION ET REFERENCE. Col. L'Homme dans la langue.
DIOUF, J.L. 1982. TRANSFORMATIONAL GENERATIVE GRAMMAR OF WOLOF. Annamalai University, India.
DIOUF, J.L. 1985. INTRODUCTION A UNE ETUDE DU SYSTEME VERBAL WOLOF. Les Langues Nationales au Sénégal, n°26, Centre de Linguistique Appliquée, Dakar, 72 pages.
DIOUF, J.L. 1988. ÉTUDE DE QUELQUES AFFIXES AYANT UNE INCIDENCE SUR LA SYNTAXE WOLOF. Les Langues Nationales au Sénégal, n°31, Centre de Linguistique Appliquée, Dakar, 19 pages.
DIOUF, J.L. 1992. *Contribution à l'étude de la proposition subordonnée relative dans la phrase wolof.* Réalités africaines et langue française, n°24, Centre de Linguistique Appliquée, Dakar, pp. 7-22.
DIOUF, J.L. 1994. UNE APPROCHE DU PASSIF EN WOLOF. Institute for the Study of Languages and Cultures of Asia and Africa.
DIOUF, J.L. 1998. *Précis de grammaire wolof.* Institute for the Study of Languages and Cultures of Asia and Africa.
DUBOIS, Jean et al 1973. DICTIONNAIRE DE LINGUISTIQUE. Librairie Larousse.
GOOSSE, André. 1997. GREVISSE, Le bon usage. Éditions Duculot, Paris.
PERKINS, R.D. 1992. DEIXIS GRAMMAR AND CULTURE. John Benjamins Publishing Company.
RANSOM, E.N. 1986. COMPLEMENTATION : its meanings and forms. John Benjamins Publishing Company.

RITSUKO, K. and KAN, S. 2000. MODERN APPROACHES TO TRANSITIVITY. Institute for the Study of Languages and Cultures of Asia and Africa.
KA, O. 1988. WOLOF PHONOLOGY AND MORPHOLOGY : a linear approach, Ph.D. University of Illinois at Urbana-Champaign.
ROBERT, S. 1991. APPROCHE ENONCIATIVE DU SYSTEME VERBAL : le cas du Wolof. Éditions du CNRS.
RIALLAND, A. and ROBERT, S. The intonational system of Wolof. à paraître dans Linguistics.
SAUVAGEOT, S. 1965. DESCRIPTION SYNCHRONIQUE D'UN DIALECTE WOLOF : le parler du Dyolof. Dakar, IFAN.

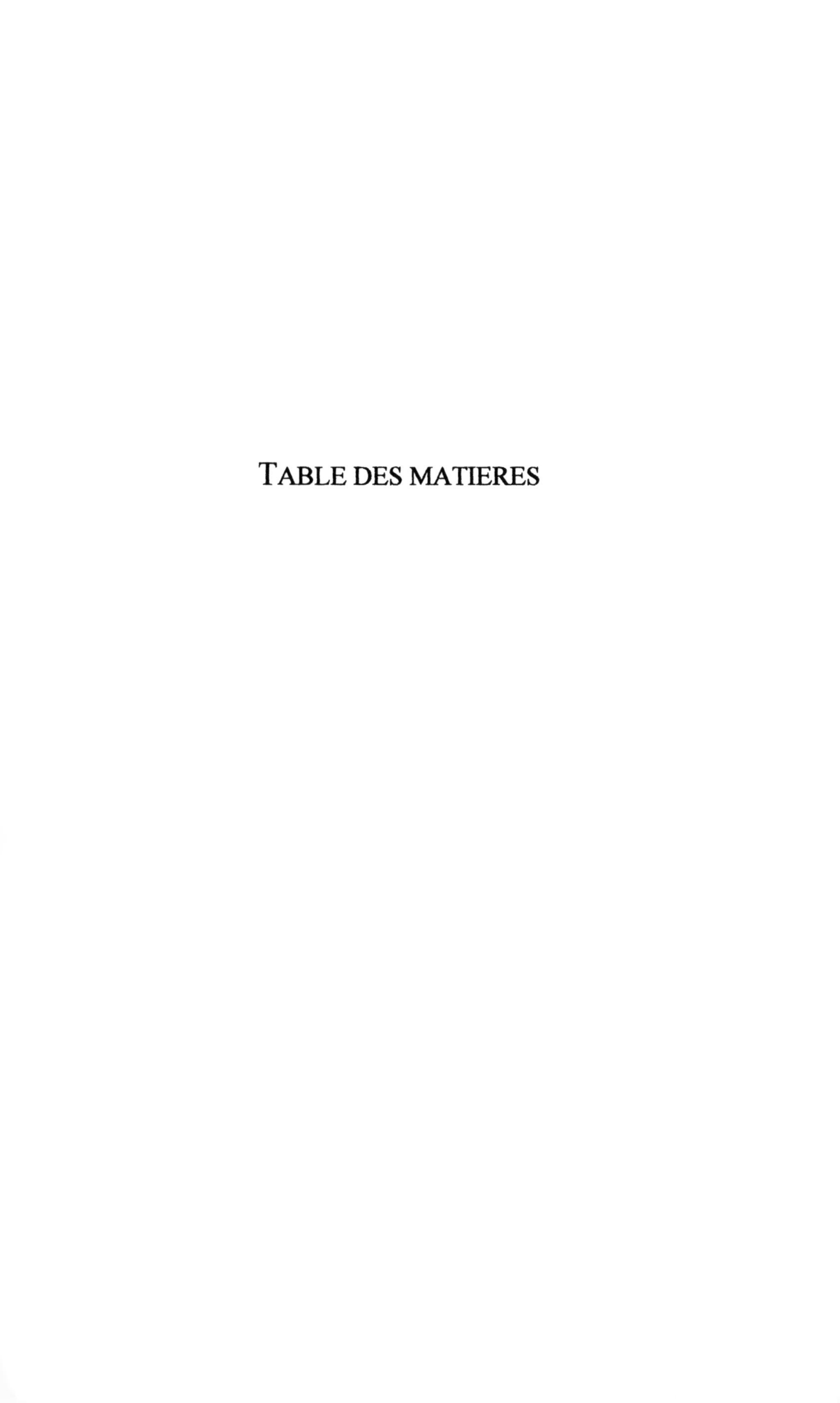

TABLE DES MATIERES

L'HARMATTAN, ITALIA
Via Degli Artisti 15 ; 10124 Torino

L'HARMATTAN HONGRIE
Könyvesbolt ; Kossuth L. u. 14-16
1053 Budapest

L'HARMATTAN BURKINA FASO
Rue 15.167 Route du Pô Patte d'oie
12 BP 226
Ouagadougou 12
(00226) 76 59 79 86

ESPACE L'HARMATTAN KINSHASA
Faculté des Sciences Sociales,
Politiques et Administratives
BP243, KIN XI ; Université de Kinshasa

L'HARMATTAN GUINEE
Almamya Rue KA 028
En face du restaurant le cèdre
OKB agency BP 3470 Conakry
(00224) 60 20 85 08
harmattanguinee@yahoo.fr

L'HARMATTAN COTE D'IVOIRE
M. Etien N'dah Ahmon
Résidence Karl / cité des arts
Abidjan-Cocody 03 BP 1588 Abidjan 03
(00225) 05 77 87 31

L'HARMATTAN MAURITANIE
Espace El Kettab du livre francophone
N° 472 avenue Palais des Congrès
BP 316 Nouakchott
(00222) 63 25 980

L'HARMATTAN CAMEROUN
BP 11486
(00237) 458 67 00
(00237) 976 61 66
harmattancam@yahoo.fr

642972 - Mars 2016
Achevé d'imprimer par